品成

阅读经典 品味成长

NOTESMAN

高效能笔记法

人生进阶提升利器

柯洲 —— 著

人民邮电出版社

北京

图书在版编目（ＣＩＰ）数据

高效能笔记法 / 柯洲著. -- 北京 ： 人民邮电出版社，2023.10（2023.11重印）
ISBN 978-7-115-62481-9

Ⅰ．①高… Ⅱ．①柯… Ⅲ．①学习方法②工作方法 Ⅳ．①G791②B026

中国国家版本馆CIP数据核字（2023）第150561号

◆ 著　　　柯　洲
责任编辑　袁　璐
责任印制　陈　犇

◆ 人民邮电出版社出版发行　　北京市丰台区成寿寺路 11 号
邮编 100164　　电子邮件 315@ptpress.com.cn
网址 https://www.ptpress.com.cn
三河市中晟雅豪印务有限公司印刷

◆ 开本：880×1230　1/32
印张：5.5　　　　　　　　　　　2023 年 10 月第 1 版
字数：141 千字　　　　　　　　2023 年 11 月河北第 2 次印刷

定价：59. 80 元

读者服务热线：（010）81055671　印装质量热线：（010）81055316
反盗版热线：（010）81055315
广告经营许可证：京东市监广登字 20170147 号

推荐语

"笔记侠"的知识加工能力很极致,是年轻人极好的学习对象。由"笔记侠"的方法集结而成的《高效能笔记法》是人人都能用的成长利器。

——"得到"创始人 罗振宇

看到柯洲的新书《高效能笔记法》马上让我联想到了柯维的《高效能人士的七个习惯》。柯维的书为大家提供了个人成长和自我管理的思维模式,而《高效能笔记法》则告诉大家如何更好地管理知识。这本书可以帮助大家掌握高效能的工作和学习方法,成为高效能人士,实现更多的进阶。

——财经作者 吴晓波

在信息与知识潮涌的世界里,厘清认知、高效学习、高效工作极为重要。本书围绕内容结构化的笔记方式给读者提供了切实有效的解决方案。

——管理学者 陈春花

在我的心目中,柯洲老师是真正的高人。他的这本《高效能笔记法》,理论讲解非常到位,方法极其实用。如果你想要大幅提高输入和输出的效率,这本书一定可以帮你大忙。

——个人品牌顾问、《一年顶十年》作者 剽悍一只猫在信息量越来越大的时代，我们需要一套高效能的知识整理方法，帮我们更方便地整理、收藏扑面而来的信息。柯洲在这方面做得相当出色，我非常愿意跟着他一起学习如何做高质量的笔记，练习高效能的知识复利方法。

——"十点读书"创始人　林　少

我一直特别喜欢"笔记侠"的那句话："拯救的不只是知识，还有时间。"这本书将告诉你：如何做到高效地接近新知，并有效形成自己的知识结构，做到认知升级。

——知名 CEO 顾问，《增长五线》作者
执教全球 17 家顶级商学院　王　赛

柯洲能够从小小的"笔记"二字入手，做成"笔记侠"这个中国新商业知识总结头部大号，自己也向着"中国商业知识总结第一人"努力，我想这个成功过，又转型升级的过程与经验就是这本书的最佳购买理由了吧。

——正阳公关创始人　贾大宇

我推荐柯洲关于笔记的体系化思考，不仅因为笔记就是场景化应用，更因为在 AI 时代，只有在真实的场景，我们才能感受到笔记的生产力价值和解决具体问题的场景效率。笔记不是知识，是见识，是生产力的工具革命，是创造性提炼的思维和方法，是数字周期的超级个体竞争力。

——场景实验室创始人　吴　声

通过知识管理，把那些散乱的知识变成知识结晶，把结晶的知识慢慢纳入体系。体系化的知识要懂得场景化输出，成为一个真正的知识产品。柯洲总是能找到其中的最关键的点提炼出来，这个能力就是面对知识焦虑的核心能力。如果能够更快地整理、理解、输出知识的话，你就天然地跑在了前面。

——著名职业规划师、畅销书作家　古　典

形成记笔记的习惯、掌握记笔记的方法，可以让人收获很多。推荐柯洲关于如何做笔记的书。

——《详谈》丛书作者、纪录片《激流时代》主理人　李　翔

每个人一生中会学到很多知识，每家企业经营中也会沉淀很多知识，如果不加以整理、记录、总结、提炼和提升，我们将无法真正受益与精进，所以每个人每家企业都需要一个"笔记侠"。

——布道教育创始人、《铁军团队》作者　欧德张

人与人之间的差距是如何产生的？你或许无法选择自己的起点，却可以选择自己的加速度。期待你在本书的帮助下掌握高效能笔记法的精髓，开足马力，加速成长！

——资深商业顾问、《单干》作者　陈　欢

限制我们的不是信息和知识太少，而是知识提炼和运用的转化率太低。从这本书开始提高学习和工作效能之旅。

——转化率特种兵、畅销书《超级转化率》作者　陈勇

"笔记侠"的创始人柯洲写的这本《高效能笔记法》，值得所有知识工作者和阅读爱好者人手一本。这套笔记法是 500 万"笔记侠"用户认证过的，是经过"笔记侠"8 年迭代的，是"笔记侠"近 8000 篇笔记实战的经验。

——畅销书《学会写作 2.0》《成事的时间管理》作者　粥左罗

我特别佩服会做笔记的人，柯洲是我认识的一位笔记高手，他创立的"笔记侠"影响和培养了很多笔记达人，他总结出的这套高效能笔记法，可以帮助你在学习、工作、生活中事半功倍。如果你想持续成长，一定要入手这本书。

——富兰克林读书俱乐部创始人　陈师明

笔记不只是将别人的想法记下来、自己的想法写出来，更是我们思考过程的外化。用笔记进行新商业思考，柯洲他带领的"笔记侠"为所有人提供了最佳典范。在这本书中，他全方位分享的笔记方法将有助于你在新商业时代清晰地思考、明智地行动。

——"中国好书奖"得主，《成为提问工程师》《穿透式学习》作者　方军

作为一家创业公司的创始人，深感员工的职业素养是组织发展的基础，逻辑思维和知识沉淀是职场人提高工作效率的必备能力。柯洲因为笔记而一战成名，进而创立了"笔记侠"，训练培养了大量的"笔记达人"，输出无数优秀的商业干货，是很多管理者包括我自己在内必看的公众号之一。这些优秀的文章就是得益于这套笔记方法论，现在出版成书，每个想提升自己的人都应该读一读。这本书的写作方式和结构就很"笔记侠"，值得推荐。

——高维学堂 CEO　林传科

序言

我是柯洲，是新商业知识公众号"笔记侠"的创始人，一直致力于记录商业、见证商业，讲好新商业变迁的故事。"笔记侠"是雷军、张一鸣等235万决策管理者都在看的公众号，全网用户超500万，连续几年位居"微信识力榜""微信价值榜"前列。

创办"笔记侠"的源头，可以追溯到一次偶然的出差。

2009年，当时的我在老家泉州，是一位品牌广告人。一个偶然的机会，我被派到北京出差一年。从二线城市走进首都北京，我对这里的一切都充满好奇与憧憬，尤其是各种沙龙和活动。工作之余，我参与了各种各样的商业活动，带着电脑随时记录，这也埋下了内容创业的种子。记笔记的习惯，直到现在我还在坚持着。

这里和大家分享一个秘密：做笔记的人的收获在整个现场仅次于演讲者，远超普通听众。

我先后尝试过进入移动电商、O2O（Online To Offline）、智能硬件等领域。2015年，在经历了很多尝试后，我注册了公众号"笔记侠"，并带着团队来到了北京。

创办"笔记侠"的初衷就是打破围墙，为读者挑选高价值的新商业知识干货。当时全国各地都在举办沙龙、大会、演讲，我认为这些好的内容和思想，不让更多人听到、看到是件可惜的事情。这也奠定了"笔记侠"的价值观——雕琢自我，普惠他人。

但我不是简单地将大会速记发在公众号上，而是将内容以结构化笔记的方式呈现，目的是让读者更好地理解和吸收。经过实践的检验，这种方式获得了读者的肯定。

这种做笔记的能力，是我通过一万小时的笔记刻意练习形成的。我将笔记逻辑化、方法论化、科学化，形成了自己的一套笔记科学方法论，保证每一篇新商业知识干货都是高质量输出，久而久之，这成了我的优势。

接着，我用这套方法论对内容编辑进行了培训，他们从一个个做笔记的门外汉，成为广受商业精英欢迎的笔记专家，有的编辑还被知名老师邀请成为图书创作的合作者。

后来，我又将这套方法论复制给身边想做笔记的伙伴。通过口口相传的方式，我们构建了较为庞大的笔记达人社群，我被称为"笔记达人社群总教官"。最终，"笔记侠"通过笔记达人实现了帮助老师把内容大规模、高质量整理出来的目标，并诞生了"笔记侠"这样一个新物种，成就了一个超 235 万用户关注的新媒体大号。

我也成为很多人眼中的知识总结和知识管理专家。过去八年，很多关注"笔记侠"的伙伴纷纷向我表达了他们在学习和工作上遭遇的困扰，他们正在面临各种知识总结和知识管理的挑战。

比如，他们在学习上遇到了各种各样的情况：听完课后，不懂得把其中的精华提取出来，过一段时间后，成千上万的学费就等于"打水漂"了；归纳总结知识点难，不会把书"看薄"，难以对知识进行"断舍离"；脉络不清晰，不会分类，无法建立自己的知识库；不知道怎么将新旧知识结合到一块；只会知识输入，不会知识输出。

他们在工作中遇到的问题也不少，比如：学了不少知识，但在实际工作时却无法得心应手；开会抓不住重点，理不清思路，做不好跟进；计划安排不合理，分不清轻重缓急；时间应用效率不高，复盘无序难有效；工作记录混乱，看着满本"天书"只想时光倒流，只有回到现场，才知道写的是什么。

我把这些学习和工作的痛点，总结为低效能的表现：**记不住**、**搞不懂**、**用不上**、**做不好**。效能是衡量成果的标准，包括效率、效果、效益三个要素，效能的高低就代表着取得效率、效果和效益的能力强弱。

在我看来，学习和工作遭遇低效能的挑战，是身处知识经济社会的知识工作者所特有的现象。

1. 注重效能的知识工作者

早在 50 年前，德鲁克就指出：知识型组织已经成为主流，大部分人都是知识工作者。今天的知识工作者，必须以拥有知识为前提，承担产出的责任，并取得成果。这些成果，包括推出产品、交付产品、销售产品，或者做出一个决策、制订一个计划、执行一个计划，或者管理好自己、管理好团队、管理好任务。

学习和工作效能高的人，硕果累累；学习和工作效能低的人，碌碌无为。学习和工作效能高的人，突飞猛进；学习和工作效能低的人，停滞不前。学习和工作效能高的人，清清楚楚；学习和工作效能低的人，浑浑噩噩。学习和工作效能高的人，成为知识的"榨汁机"，帮助团队走向成功；学习和工作效能低的人，成为知识的消化不良者，谈不上思考，更无法指导自己去行动。

因此，知识工作者不能忽略学习和工作效能的问题，必须以效能为指引。

2. 知识工作者的"知行合一"焦虑

为什么这么多知识工作者，会出现学习和工作上的低效能现象？今天的知识工作者，都或多或少需要应对四个"知行合一"的焦虑，或者说两个"知"和两个"行"的焦虑。

第一个"知"的焦虑是指选择的焦虑。今天，我们生活在一个知识的世界里，特别是互联网知识爆炸的时代，知识生产和传播的速度越来越快，知识的浪潮已经席卷而来。

由于常常要被动地面对许多知识，如果我们不能采取主动、有效的方式进行输入、整理和输出，对知识进行分类，形成结构化的知识体系，就很难真正掌握和驾驭这些知识，实现高效能的学习和工作，最后可能白白浪费了许多时间和精力。

第二个"知"的焦虑是指更新的焦虑。也许你已经成为某个领域的专家，但如今是一个充满变化的世界，我们需要更加多元的知识，必须抓住代表趋势的知识，必须不断更新自己的知识体系。随着社会的发展和环境的变化，我们的知识体系必须不断随之扩大，但我们常常受限于已有的知识体系，形成了固定思维，最终被过去的知识体系禁锢，忽略了真实世界的变化。

第一个"行"的焦虑是指行动的焦虑。也许我们已经形成了一套知识体系，但是如果不会活用，无法在实践中将其效能最大化，就会极大地降低知识的效能。

有人为效能做了一个公式：效能 = 效率 × 目标。这意味着，效率要为目标服务，才能取得高效能。知识的效能就是导向对目标的帮助，这个目标可能是做好一个产品、提供一个服务、提高收入，也可能是降低成本。如果知识无法通过行动促进目标的实现，就会产生行动的焦虑。

第二个"行"的焦虑是指分享的焦虑。分享的焦虑是指人们在分享自己的经历、感受或观点时，由于担心他人的反应而产生的不安和压力。这种焦虑可能来自担忧自己所分享内容的质量或真实性，也可能来自担心自己的分享会被他人否定或遭到批评。

每个知识工作者都或多或少需要应对这四个"知行合一"焦虑，而且是需要长期应对的焦虑。每一个知识工作者都必须明白：如果不进行高效能的学习和工作，就会变得没有效能可言。

3."知行合一"的高效能之路

这是一个数字化时代，限制我们的不是信息和知识太少，而是信息和知识太多。于是，我们的大脑在接收信息和储存信息的时候，会出现拥堵的情况，导致我们的信息过滤器失效。

相信大部分想要进步的人，都在寻求提高学习和工作效能的方法，但是在想要行动的时候，却不知道从哪里开始改进。认知指引行动，如果不了解什么方法可以帮助自己提升，就只能低效探索。

其实，要想大幅提高学习和工作的效能，升级我们的信息过滤器可能是最有效的方法。笔记，就是一种高级信息过滤器，帮助我们更好地向人学、向书学、向事学。高效能的知识工作者通过科学的高效能笔记法，就可以做到去芜存菁、化繁为简、由碎片到系统，可以训练逻辑思维、框架思维、架构思维、系统思维，拥有信息检索能力、知识提取能力、知识关联能力、深度思考能力。"笔记侠"高效笔记法将成为你的核心竞争力之一。

生活中，很多人从来不做笔记，总以为自己什么都记得住。事实并非如此，我们总是容易忘掉很多东西，甚至是重要的东西。当我们学习一个知识后，遗忘也会遵从一个定律，即德国心理学家艾宾浩斯提出的遗忘曲线，也就是 10 分钟后、12 小时后、24 小时后、3 天后、7 天后、1 个月后、

3 个月后，如果我们没有在这些时间点再次激起回忆和应用，记忆就会不断地递减，直至忘记。

人是有短时记忆和长时记忆的。学习完成后的 1 小时，记忆量急速下降，长时记忆的固化需要 1—2 小时，在此期间最好不要记忆其他内容。孔子说："传不习乎？"意思就是说：老师传授的知识复习了吗？

因此，在学习后，我们可以花点时间梳理一下、整理一下，晚上睡前也可以回顾一下。这就体现了做记录的重要性，只要有记录，就可以梳理，就可以提炼，就可以回顾，就可以反思，就可以改进，就可以不断地唤醒，最终形成完善的、结构化的知识体系。

我们不要求新闻媒体出身，也不要求管理学或商业背景。我们以往所培训的 5000 位笔记达人，他们可能是人事专员、运营人员、投资经理、学生。在训练营中，通过高效能笔记法的刻意练习，**人人都可以成为"笔记侠"，人人都可以成为内容高手**。

"笔记侠"的价值观是"雕琢自我，普惠他人"，即不断完善、补充自己的方法和知识，然后惠及更多人。所以，我们首先推出了"'笔记侠'高效能笔记课"，有近万人报名参加学习，大家普遍反馈收获颇丰，明显提高了自身的学习效率和工作效率。但这种"普惠"模式太慢了，有很多人在这方面还是缺少自己的思考，所以，我将这套方法总结凝练到了这本书中，希望能够帮到你。

在此，我要特别感谢一些人，没有他们的支持，就没有这本书的呈现。首先是我的同事们：丽芬、清野、天草、嘉琪、镁心、马畅、胡旸、李晨、杨山巍、张文龙、王宇娜、宽大同、吴广英、兵兵、沐诚、锐康、少将、玉茹等；其次是 4000 多位笔记达人：水晶、行走、花花、小猫妮、筱米、莎莎、小酷、李力力、兰溪、剑飞、麦旋风、Rikki、安骐君、莉莉、杨斌等；再者是出版策划人袁璐、图书编辑孙睿和筱妖；最后是我的家人黄晓梅、柯子悦、柯岚悦。笔记载道，记录同行者的名字，以示感谢。

目　录

第一章

高效能笔记的思维逻辑

高效能笔记：人人都可以成为高效能的 知识工作者

很多关注"笔记侠"的伙伴对我说，他们经常花钱购买线上课或线下课，也会花费一周甚至一个月专心读一本书，到头来，钱也花了，时间也用了，却发现自己毫无收获，对课程或者图书中知识的理解只停留在表面，连重点内容都概括不出来，乃至最后什么也没记住。

为什么会发生这样的情况呢？这是由不同的学习类型决定的。

1. 学习者的类型决定学习效果

第一类学习者是持续活跃型学习者。他们对学习充满热情，喜欢持续参加各种学习活动，参加各种社群。但是几年过去了，这些学习者并没有因为自己四处学习而获得特别大的成就。

第二类学习者是阶段活跃型学习者。他们也对学习充满热情，但与第一类学习者不同的是，他们在看书或上课后，就去埋头实践了，过一段时间才继续看书或回到课堂中学习，不断在理论与实践中交替探索。

持续活跃型学习者仅仅停留在更高频次的学习上，最终成为知识的容器。阶段活跃型学习者中的不少人做得风生水起，甚至成了某个领域的高手。这类人有目标、有方向，没有只停留在对各种知识的学习上。

由此可见，知识只是工具，要想掌握知识，不能为了学习而学习，而是学习知识后愿意下功夫研究，并持之以恒地去实践，这样才能真正做好一件事情。**边干边学、边学边干，不做好绝不罢休。**

有方向与目标再去学习和行动的时候，也就有了对信息和知识的过滤器。所谓"过滤"，其实是记录保留需要的信息和知识，删掉不需要的信息和知识，不停留在对信息和知识"掌握不足"的焦虑之中，进入知行合一的滚雪球式成长。用知识助推行动，用行动检验知识。

这个过程可能会循环往复，比如当时觉得自己懂了，但实践的时候又发现还有很多盲点、遇到新的问题，这时就需要继续学习，查漏补缺。**这是一个记录、分类、关联的过程，就像一个雪球不断地滚动，实现知识总量的不断扩大。**

那么，如何成为这样的学习者呢？一个很有效的方法就是"刻意练习"。

2. 刻意练习的三个秘诀

（1）有目的、有目标地练习，正确、大量地练习

刻意练习必须设定清晰的目标，制订训练计划，以实现一系列微小的改变为基础，最后以量变促成质变。

比如"笔记侠"西南大区第二任统领小酷，2018 年他第一次参加"笔记侠"的知识整理训练营（高效能笔记训练营的前身）时，对幕布笔记的理解不深，作业完成得一般，没有通过第一期训练营的考核。为了掌握幕布技能，他又参加了一次"笔记侠"训练营。在明确的目标指引下，经过有计划的正确练习，他不仅顺利通过考核，成为见习笔记达人，还持续刻意练习，最终成了"笔记侠"幕布分舵舵主。

（2）有一位能够布置训练作业的导师

刻意练习的过程中必须包含正负反馈，因此，有一位熟悉练习内容和能力标准的导师非常重要。

比如"笔记侠"训练营的训练方案是由笔记达人讲师设计和执行的，他们既熟悉笔记达人的能力，也熟悉怎么样才能最大限度地提高这种能力，能够给新学员最有效的练习反馈。随着时间的推移，学员们最后就能学会监测和评价自己的练习成果。

（3）将练习作为日常生活的一部分

刻意练习往往在人的舒适区之外，而且要持续不断地尝试那些刚好超出当前自己能力范围的事物。因此，刻意练习就是持续挑战自己极限的过程。

要想提高学习和工作效能，没有捷径，无法跨越式发展，我们能做的就是通过科学的刻意练习，努力加速前进。

因此，任何一个刻意练习的知识工作者，首先都要从确定目标和培养兴趣开始，其次是认真地全力投入，最后发展出开拓创新的能力。

3. 知识工作者刻意练习的三个步骤

（1）汇知识：建立知识与知识的关联

我们一定要建立知识与知识之间的关联。无论在学习课程时还是在日常看书时，发现了一个有用的知识，我们都需要停下来记录一下，寻找这些知识与过往积累的知识之间的关联。大脑是一个网络状结构，当我们接触一个新知识时，它会与成千上万个旧知识产生联系，甚至碰撞出新的火花。因此，真正导致人与人之间知识水平差异的，往往不是知识的储备量，而是知识的关联能力。

其实关联有很多种：第一种是类别关联，比如猫和老虎都属于猫科类，人类和鲸鱼都属于哺乳类；第二种是因果关联，比如人类的起源可以追溯到单细胞；第三种是推理关联，比如南美洲一只蝴蝶的微小活动最终引发了亚洲的一场龙卷风；第四种是聚类关联，比如碳排放、沙漠化、气候变暖都可以归到环境保护的议题；第五种是关键词关联，比如私域、公域都属于运营概念。

每次看完一本书、上完一堂课、和高手进行一次交流后，我为什么能很快同步给出一份结构清晰、关键突出、层级分明的笔记，且没有遗漏和错误呢？因为我长期进行这样的关联练习，一边记录一边关联，一边关联一边记录，同步完成了信息和知识的结构关联，从而在每一次学习、听讲或交流时，能够快速提取过去的知识，帮助自己完成输入和输出。

（2）促行动：建立知识与现实的关联

我们要注意观察生活，建立知识与现实的关联。比如，我们可以看看有什么现象是能够用学过的、听到的理论解释，然后将理论不断地应用和实践。在每次学习新知识时，一定要问自己："我的哪些行为可以被这个知识改变？这些知识可以放在什么样的情境下使用？"

认知会对我们的行动产生很大的影响，特别是那些不易被察觉的认知，有时甚至可能是一次避雷或一次成功的必要因素。也正因如此，每次学习后我们都应该问自己：学到了什么？自己有什么不足？行为上要运用和改变的是什么？

（3）探本质：学会透过现象看本质

想让理论有效指导实践，我们就要学会寻找事物的本质，深入地观察周围的事物，进行思考和改进。

生活中有很多现象都值得我们思考其背后的原因。溯源法就是一种很好的思考方式。它是一种逆向思维，以倒推的方式透过现象看本质。比如你在逛街时，可以留意和思考门店的位置以及对应的客流量，当你以后需要开店时，就有了如何选址的参考标准。

精通逻辑的亚里士多德，在研究每一个事物时，思考的逻辑就是三问：是什么、为什么、怎么办（样）。

刻意练习的第一个步骤"汇知识：建立知识与知识的关联"，对应的就是亚里士多德的"某个知识是什么"；第二个步骤"促行动：建立知识与现实的关联"，对应的就是他的"某个知识是怎样的"；第三个步骤"探本质：学会透过现象看本质"，对应的就是他的"某个知识为什么"。这三者缺一不可。

因此，刻意练习本身就是一个不断闭环的过程，在新旧知识相关联中建立新的认知，然后促进行为改变，最后透过现象看本质。如此循环往复，慢慢就能建立自己的知识网络。

概念思维：高效能笔记的底层思维

生活中，大多数人做选择和判断时是经验思维占主导地位。什么是经验思维？就是眼睛、耳朵等五官的感受，经反复实践而形成的一种自然反射和惯性。它影响着个人判断和决策的思维方式，但是这种经验思维尚未达到普遍性高度。

经验思维有其好的一面。比如，随着同类经验的不断增加，人们可以加快情景预判和行为选择的速度，提高同类事务的处理效率。但是，经验思维也容易犯经验主义错误。在中国的成语典故中，就有很多经验主义的案例，比如"东施效颦""刻舟求剑"等。

与经验思维对应的是概念思维。什么是概念思维？就是一种能够识别表面上没有明显联系的事物之间的内部联系和本质特征的能力，在面对不确定现象时，能找到关键因素。这是一种宏观的结构化思考能力，需要根据有限的信息做出全面的判断，通过建立概念，洞察充满不确定性的现象。

1. 概念思维是创造未来的起点

迄今为止，人类发明了许多事物，如自行车、汽车、飞机、轮船等。在被发明之前，这些都是不曾存在的事物，更是不曾存在的概念。人类用概念思维改变了世界，创造了未来的各种可能性。

（1）无论生活还是工作，都离不开概念思维

一个拥有概念思维的人，既能把复杂的事情想得很清楚，也能把复杂的事情讲得很清楚。在面对复杂的问题或现象时，即使信息不全，他也能够迅速地抓住问题的关键或者敏锐地发现潜在的机会。

（2）概念思维是高效管理者的重要技能

我们在商业经营中会提到"业务上去繁就简、管理上去芜存精、文化上去伪存真""业务要简单，组织要先进"等，其实这些理念的背后就是概念思维的力量。

管理者需要提升概念思维能力，这个能力的重要性甚至超过其他管理能力、专业能力。如果一个人被淘汰，那么很可能不是他不懂专业，而是他没有全局的决策能力或者没有概念思维能力。

（3）提升概念思维，做到升维思考、降维解决

清华大学朱武祥教授认为，很多人不缺直觉，但缺科学，即缺乏定义概念的能力。贝佐斯、乔布斯、马斯克等人之所以能够成为商业精英，是因为他们都对商业提出过概念的重新定义。

概念思维，不是一朝一夕能够拥有的。提升概念思维，需要不断练习将复杂的情况进行简单化、通俗化的解释，把各种想法、问题及观

察的结果"拼装"成清晰好用的说明，用清晰的结构和简洁的语言阐述所学到的知识和所观察到的现象。

2. 拥有概念思维的三个前提

（1）拥有追问的能力，才能完成对概念的发现

摩斯科定理告诉我们：你得到的第一个回答不一定是最好的回答，凡事多问几个为什么，才能得到最好的答案。

我们在面对成功或失败时，需要做总结和复盘，寻找现象背后隐藏的原因。在这个过程中，我们要始终探索事物的本来面目，而不是满足于看到外在形象。有什么样的追问，决定了我们有什么样的思考。每一个追问，都需要答案。而定义，就是最好的答案。

（2）拥有定义的能力，才能完成对概念的建构

拥有概念思维的人，不仅善于提问，还善于总结。被定义出来的概念，是更高效的沟通表达方式。

定义是对事物的本质特征、基本属性或概念的内涵和外延的确切且简要的说明。命名和定义总是相伴而生。每一座思想大厦都是建立在特定的信念基石或节点之上的，而不可动摇的底座就是定义的概念。

亚里士多德的哲学就是追问三个问题：是什么、为什么、怎么办。"是什么"就是最基础性的追问，即先给某个概念下一个定义。

（3）拥有语言的能力，才能完成对概念的表达

人与动物的区别在于：动物用形象进行思考；人类能够用概念进

行思考，进而用语言来表达，从而影响他人。如果没有语言，概念将无法被表达、被传授、被记忆和被学习。语言是概念的外在表现形式。各种概念，通过不同程度的专业化语言，就变成了各种学科。

从追问到定义，再到语言，就是概念思维的过程。

3. 概念思维的四个层级

（1）概念思维 0 级：无知

这一层级可以定义成"想不清楚、看不明白"。处于这一层级的人不能根据已有的经验或知识，对当前所面临的问题做出正确的判断。

（2）概念思维 1 级：经验

这一层级可以定义为拥有"简单类比"的能力。处于这一层级的人是成功经验的复制者，是专才、干才，即"经验派"。

经验源于细致的观察和总结。我们在做一件事时，都是先按照别人的经验或自己的经验去做的。在进入社会、加入某个行业或者尝试某个领域的时候，就像一个小孩的成长过程，从什么都不会开始，所有的东西都是通过实践得来经验知道的。

休谟说过："我们的观念超不出我们的经验。"我们有什么样的经验，就有什么样的观念。而经验不仅有外在经验，还有内在经验，也就是通过我们对于内在的关注，包括对思维、情绪等状态的认识和反省而得到的经验。

因此，我们可以不断丰富自己的经验和观念，成为终身实践者，活到老，学到老。

（3）概念思维 2 级：理性

理性是跨界融合、触类旁通的能力，处于这一层级的人就是"理性派"。他们使经验通过理性有机地结合在一起，找到背后的原因，使经验科学化、理性化，变成定律、规则、原则、法则，然后将这些作为出发点和基本规范，运用于实践，极大地提高了做事的效率。

（4）概念思维 3 级：普遍必然性

处于这一层级的人已经能够洞察社会科学和自然科学长期发展的深刻规律，并进行深入浅出的表达了。

普遍必然性是对理性阶段得出的定律、规则、原则、法则进行了更高层级的综合统一，从而获得绝对知识。

总有一些人的工作就是拨去纷繁，抵达本质，世界在他们心中是一目了然的。因此，最厉害的概念思维是 3 级。当你处于这一层级时，就能够从复杂的事物中找出共同的本质。

概念思维能力不断增强的过程，表现了概念思维的能动性。从概念思维 1 级到 3 级，代表着不同层次的知识，也对应着我在"笔记侠"所提出的"道法术"模型（见图 1-1）。

图 1-1 "道法术"模型示意图

"道法术"结构(上):高效能笔记背后的思维逻辑

现在是一个信息大爆炸的时代,每天都会有各种信息扑面而来,让人眼花缭乱,你是否有能力从这些信息中获取有用的、需要的部分?

柏拉图在《理想国》中讲述了一个名为"洞穴之喻"的故事。假设有一批自小就被锁在洞穴里的囚犯,不能走动、不能回头、不能环顾左右,只能直视前方。他们的身后有一堆燃烧的火,面前是一堵墙,火光把一些晃动的木偶的影子投射在墙上,因为长期看着这些影像,他们理所当然地认为这些影像就是真实存在的事物。

当一个囚徒挣脱枷锁,转头看到了身后晃动的木偶,就知道以前看到的只是木偶的影子。当这个囚犯走出洞口,在洞外看到各种真实的人和物,他才能意识到自己以前一直生活在木偶影像构建的虚幻世界中。这是一个认知上升的过程。

其实,很多时候我们都是这个故事中被关在洞穴里的人,想不清楚、看不明白。当一件事物摆在大家面前时,每个人得出来的结论都是不一样的,这是因为每个人的认知水平都是不同的,就好比人在山脚、山腰、山顶时,看到的风景自然是不同的。

我们如何能够从感性认知一步步走向理性认知，最终能够认识普遍的必然性？

我们需要通过系统的学习和思考，逐步厘清事物之间的关系，从而形成科学的认知体系。而"道法术"结构正是一种系统的学习方法。我们使用"道法术"结构来萃取知识和表达知识，从而把各种想法、问题及观察到的结果组合成清晰易懂的结构，从而将复杂的情况简单化、通俗化，有效地解释和阐述所学到的知识和所观察到的现象。

那么"笔记侠"的"道法术"结构到底是什么，要如何运用呢？

1. 什么是"道法术"结构

道，是道理、规律、本质、理性信念或中心思想，相当于一座大厦的基石；**法**，是逻辑，是实现"道"的方法论，包含一组方法或一系列方法，相当于一座大厦的承重柱；**术**，是根据方法论而实施的操作案例和现象，相当于大厦承重柱上的纹路。

首先，无论一篇文章、一本书、一次沟通、一堂课还是一次会议，都会有一个中心思想，这就是"道"；其次，为了支持这个中心思想，就要有分论点，这就是"法"；最后，每个方法论下面还会有详细的案例作为论据，这就是"术"。如此自上而下延展，就像一座金字塔，这就是"道法术"结构（见图1-2）。

道
中心思想
法
分论点
术
案例论据

图1-2 "道法术"结构示意图

我在"管理向善，提高组织健康度"一课中首先提出了"管理向善"的观点。它以德鲁克的"管理的本质，是最大限度地激发和释放他人的善意"。

> • 这句话为核心思想来展开，这句话就是这一课的"道"。

然后，我指出管理者在对人上要给予关心，在对事上要给予挑战，并分了三个部分来讲述。

> • 这三个分论点，都支持了中心论点的"道"，这就是"法"。
> 每个分论点下面，都有案例加以佐证，这些案例就是"术"。

第一，需要无微不至地关心团队成员，即个人关怀。

第二，需要在任务执行和工作完成时，不断地坦诚相待。

第三，二者结合，创造积极的反馈循环。

从大脑思考逻辑的角度看，人们思考的方式倾向于对所获取的信息进行自动关联分类，而很容易忽略没有逻辑关联的信息。因此，采用"道法术"结构表达，加强逻辑关联，能让我们的学习、交流和理解更加高效。

为什么很多人听过很多道理却依然过不好这一生？是因为他们只有"道"却没有"法"。即使有了道理和方法论也还不够，有可能会纸上谈兵，因此还要躬身入局，进行实战，即"术"。

如果你真的理解"道法术"结构，并将其内化为底层方法论，你就会发现：**无论写作、沟通、表达、演讲还是知识管理等，它都能让你事半功倍，高效能地开展学习和工作。**

2. "道法术"结构的四个基本原则

（1）原则一：结论先行

在一堂课、一本书、一次会议、一次沟通中，必定有一个中心思想，这就是"道"。

（2）原则二：逻辑递进

在一个中心思想，即"道"的下面，建立一个方法论框架，每一个方法之间按照逻辑顺序组织。方法论的逻辑既可以是演绎法，也可以是归纳法。

演绎法

演绎法通常是三段论，就是先根据一个众所周知的大前提，再利用现在掌握的一个小前提，最后推导出一个结论。这是一种纵向关系，纵向关系能够很好地吸引人们的注意力，使人们带着极大的兴趣了解思路。

比如，知识工作者都应该受到尊重，这是一个大前提，笔记达人都是知识工作者，这是一个小前提，所以，笔记达人都应该受到尊重。这就是推导出来的结论。

归纳法

归纳法通常是从个别性知识推导出一个一般性结论。这是对感性认识进行提升，从个别现象上升到某一领域通用的具体规律，通常通过举一反三、简单类比实现。

归纳法一般分为三步走：第一步，收集材料，这些材料来自我们的感觉和观察，而不是来自想象和逻辑；第二步，整理这些材料，对其进行分类；第三步，通过理性分析，推导归纳出一个一般性结论，再通过总结分析，逐步上升到一般性的公理，最后得出一个新的中心思想、规律或原理。

对于归纳法，常见的逻辑顺序有以下三种。

第一种是串联结构的时间顺序或步骤顺序。这是最容易理解的一种逻辑顺序，如"第一，第二，第三……"，数目最好不要超过 7 个，并且将信息精简地提炼出来。

第二种是并列结构的顺序。各部分之间相互独立，没有重叠，有排他性，以确保完整性和合理性。

第三种是重要性顺序。每个论点的重要程度都不一样，如最重要、次重要、一般重要等，将最重要的论点放在第一位。

把握这些逻辑顺序，我们就可以快速地、清晰地理清思路和逻辑顺序，最终得到一个合理的方法论。

（3）原则三：以上统下

任何一个层次上的方法论都必须是下一层次实操案例的概括，即用"术"去解释"法"。简单来说，就是案例一定是为了证明我们的方法论的，让方法论站得住脚。

（4）原则四：归纳分组

每组实操案例必须属于同一个方法论的范围，也就是多个"术"都在一个"法"下面。

3.“道法术”结构的两种表达方式

（1）自上而下

自上而下的表达：**先抛结论，即“道”**，然后列出多个支持这个结论的分论点，最后层层详细展开。自上而下的方法通常比自下而上的方法更容易。

（2）自下而上

自下而上的表达：对于想要表达的内容，**先归类分组**，然后概括出每组分论点，最后提炼中心思想，完善整个思考过程。

自下而上的思考过程：以现象作为认识的出发点，通过一系列的比较和观察，进行进一步的加工、组合、分类、推演，从而得出方法论。

当我们刚进入社会、加入某个行业或者尝试某个领域的时候，需要从现象和实践出发，不断进行分析和总结，以此作为知识的来源和起点。一般情况下，我们都是通过类比得出结论，以此指导我们的生活，**即一层层剥开事物的表象，看清内在的本质，然后从本质出发，一层层向外推导**。

培根说，获取知识的过程既不应该像蚂蚁那样只去采集现成的材料，也不应该像蜘蛛那样只用自己的材料来吐丝布网，而应该像蜜蜂那样，采集花粉，再通过自己的消化把花粉酿成蜂蜜。

"道法术"结构（下）：
嵌入金字塔和黄金圈的解决方案

结构化的知识最有力量。真正有效的学习是要学思维结构。

"笔记侠"坚守的"道法术"结构，源于我个人完成超一万小时笔记实战的心得总结——它恰好和美国麦肯锡咨询顾问芭芭拉·明托（Barbara Minto）所写的《金字塔原理》一书中所提出的 SCQA 表达法以及美国作家西蒙·斯涅克（Simon Sinek）提出的黄金圈法则相互呼应，于是我把三者做了融合。

1."道法术"结构与金字塔原理的融合

20 世纪 60 年代，芭芭拉提炼的金字塔原理使麦肯锡公司的整体工作效率大大提升，超过了其他咨询公司。金字塔原理，是一种重点突出、逻辑清晰、层次分明、简单易懂的结构化思考方式。

芭芭拉在《金字塔原理》一书中提出了"SCQA 表达法"，含义如下。

· **情景（situation）**：交代某一个情景和环境。

· **冲突（complication）**：在该情景和环境中遇到的矛盾、混乱和障碍。

· **疑问（question）**：这个矛盾、混乱和障碍体现在一个具体的问题上。

· **解决方案（answer）**：面对问题给出解决方案。

其中，最能交付知识价值的部分为第四部分——解决方案（answer）。

为了让金字塔原理中的"解决方案"更加切实可行，我把"道法术"结构嵌入其中，做了整合。

塔尖是"道"，就是中心思想；塔中是"法"，是阐述支持中心思想的方法论；塔底是"术"，是由支撑方法论的案例组成，也就是论据。**由此，一个清晰的金字塔结构就出现了（见图1-3）！**

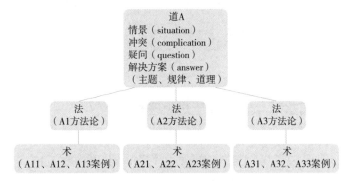

图1-3 金字塔结构示意图

芭芭拉在《金字塔原理》一书中，将金字塔原理概括为十六个字：**结论先行，以上统下，归类分组，逻辑推进。**

接下来，我们以"笔记侠"之前做过的曾鸣教授在湖畔创研中心 ① 的课程笔记为例，分析"道法术"结构与金字塔原理融合的应用过程。

湖畔大学曾鸣演讲：从 0 到 0.1 最难，伟大如何孕育于此？ ②

我 2006 年离开长江商学院，加入阿里巴巴，每天面临各种挑战，在手忙脚乱的应付中不知不觉 10 年了。

两年前湖畔大学创办，有机会接触到更多创业者，看到他们面临各种各样的挑战，突然发现在阿里巴巴的这十年，无论我们的实践、积累的经验、犯的错误还是各种研究和思考，其实对 ┈┈•情景（situation）大家都会有很多帮助。所以，我静下心来做了很多的思考，和做教授期间积累的很多学术进行新的融合。这次公开课是一种尝试，用一种方法，把一些模块化的思考和穿透力的概念逐步介绍给大家，希望大家在创业路上少走一些弯路，多做出一些成绩。

---

① 2015 年创立，曾用名"湖畔大学"；2021 年 5 月，更名为"浙江湖畔创业研学中心"，简称"湖畔创研中心"。

② 本篇文章节选自"笔记侠"公众号 2016 年 11 月 18 日发布的文章《湖畔大学曾鸣演讲：从 0 到 0.1 最难，伟大如何孕育于此》，使用时有删改。

0—0.1

从 0 到 1 的概念，大家提了很多，《从 0 到 1》这本书我看了好几遍，总觉得不过瘾，具体怎么做，没有讲太多，它更多的是在强调创新的价值。其实创新最难的是第一步，后面到 1 是扩张的过程，但是平台孕育的过程非常难。

对于使命愿景驱动的企业，有两类典型：

一类是机会导向，知道客户在哪里，知道········•冲突（complication）
怎么切入，企业很快可以滚动起来，起步不难，挑战在于如何继续在浪尖上领跑，未来长远的持续发展在哪里；

另一类是能够找到想象未来，最大的困难是找不到切入点，当下怎么给用户提供价值，到底要不要聚焦，从哪里切入，这些是很困难的问题。

所谓"互联网＋"就是用互联网、云计算、人工智能等改造一个个传统行业。"互联网＋"本质上都是做平台和生态，这是和以前不一样的类型，所以战略和打法都要和过去不一样，因此在平台型企业中碰到的问题就更大。

我想特别提出一个概念：0—0.1，这是很多········•问题（question）
企业很难通过的一关。

他们在孕育的时候至少需要 2—3 年，需要安静下来去面对。我们在阿里巴巴看到的所有大项目，B2B、淘宝、云计算，到今天的菜鸟等，我没有看到一个团队能在三年之内找到感觉和突破口。这是平台型企业普遍遇到的问题，具有典型的意义。

战略的不同阶段

我把战略分成四个阶段：

· 0—0.1 是战略尝试期；

· 0.1—1 是战略成型期；

· 1—10 是战略扩张期；

· 10—N 是高效执行期。

你可以看到，在每一阶段，公司的主线、风格、重点都不一样。

……

如何提高 0—0.1 的成功概率

第二个问题：如何提高 0—0.1 的成功概率？

眼高手低、试错一定要基于 vision（愿景和方向）、悬崖边的狂欢、自我修炼（自信和自疑），这四点心得不一定准确或穷尽，是我根据阿里经验和创业者沟通中单独提出来的。

……

心得：悬崖边的狂欢

这是我在和创业者内部讨论中得到的一个启发。我是突然抓到他的这一个点，他不断重复："我们只有三个月的时间了。"

我突然发现问题出现在哪里。因为一个公司如果以三个月或三周的时间作为周期，根本试不出像样的东西，导致公司上下都很焦虑。一个创业公司资源有限、资金有限、竞争激烈、活在生存边缘，因此紧迫感是要有的，但是不能弥漫到组织的每个环节，否则就没有创新的空间。

CEO 即使没有办法也要担着这个压力，即

• 这时的战略、打法要和过去不一样，核心是愿景、方向，高效地创新和试错，找到一个切入点完成业务的闭环，把真正的价值提供给核心用户。伟大孕育于这个阶段的愿景、方向和价值。

• "道"

• 在探索阶段，曾鸣教授提出"眼要高手要低、试错一定要基于愿景和方向、向死而生的抗压力和从自疑走向自信的自我修炼"这四个心得，这就是"法"。

使没有钱了，也要谈笑风生。阿里巴巴也出现过只够维持 10 个月的现金流的时候，也是到了最后两三月才看到现金流的增加，都有向死而生的经历。无论运气还是勇气，能够扛过去是很重要的，该扛就要扛，你要保证组织的弹性。

那么，最后是靠什么闯过去的？

其实就是信不信的问题，阿里巴巴后来有一句土话叫作"相信相信的力量"。你光一层相信不够，要有更多相信才能不断地走过去。

2012 年是淘宝开始讨论第三个阶段战略升-------•他用一些实战的例子来佐级的时候，会议开得特别胶着，争论非常激烈，　　　证这四个心得的有效性，最后结束时我蹦出一句话，让大家吓一跳，我　　　这些案例就是"术"。说："vision（愿景）是拿来挑战的，不是拿来证明的。"

……

最后，这篇演讲笔记的标题定为《湖畔大学曾鸣演讲：从 0 到 0.1 最难，但伟大如何孕育于此》，这是对"道"的精华提炼。

这份由"笔记侠"整理的笔记，在整理过程中遵循"道法术"结构，全文道理清晰、方法论清晰、案例清晰，大大降低了用户的理解成本，让人一目了然。这篇笔记阅读量超过了 10 万，被大量转载传播。

一个人要表达的观点，大部分会呈金字塔结构分布，也就是一个大观点下统领多个小观点，因为大部分的读者或听众会先了解主要的、抽象的观点，然后了解次要的、具体的观点。

这就是金字塔原理里具体所说的：

先框架，后细节；

先结论，后原因；

先结果，后过程；

先论点，后论据；

先总结，后具体；

先重要，后次要。

2. "道法术"结构 + 黄金圈法则的融合

美国作家西蒙·斯涅克在《从"为什么"开始》一书中提出了"黄金圈法则"。他认为，世界上成功的领导者，都有一套相同的思考方式，他把这套思考方式称为"黄金圈法则"（见图 1-4）。

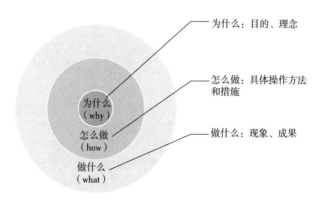

图 1-4　黄金圈法则示意图

黄金圈法则，同时也契合"道法术"结构。

为什么：我为什么要做这件事？我做这件事的理念、价值观、道理、意义是什么？这就是"道"。

怎么做：为了实现这个价值，我们可以用什么方法论去完成？这就是"法"。

做什么：有了"为什么"和"怎么做"的基础，实际的产品、想法、操作、风格是什么？这就是"术"。

好的思考、行动与表达，往往是由内向外的，也就从"为什么"（道）出发，然后讲"怎么做"（法），最后讲"做什么"（术）。 但大多数人的思考、行动和表达，却是由外向内的，甚至都没有"为什么"，也就是"道"。

它们的区别有多大？同样是呼吁沟通对象行动，我们可以感受一下以下两种不同的表达方式。

表达一：

我们生产了性能最好的电脑，设计精美、使用简单、运行速度快，快来订购一台吧！

表达二：

我们做的每一件事情，都是为了突破与创新。我们坚信应该以不同的方式思考。

我们挑战现状的方式，就是把我们的产品设计得更加精美，操作简单和界面友好。

我们只是在这个过程中做出了最棒的电脑，能够帮助你提高工作效率。想买一台吗？

以上哪个表达更让你心动？是不是第二种更让你想要买呢？实际上，"表达二"就是乔布斯在苹果发布会上说过的话。

而该表达背后体现了演讲者的思考与行动完全契合"道法术"结构和黄金圈法则：

为什么（道：核心价值观）：我们做的每一件事情，都是为了突破与创新。我们坚信应该以不同的方式思考。

怎么做（法：实现的方法）：我们挑战现状的方式，就是把我们的产品设计得更加精美，操作简单和界面友好。

做什么（术 : 最终的产品）：我们只是在这个过程中做出了最棒的电脑。想买一台吗？

为什么使用"道法术"结构 + 黄金圈法则，从"为什么"出发的表达，更能打动人？西蒙·斯涅克在 TED 演讲中强调，这是生物学证实的理论。

人的大脑分为三个层次。最内层的大脑为爬行脑，又称"本能脑"。这一层大脑的进化已经超过 1 亿年了，它毫无情感，只是为了生命最原始的意义——生存。它让我们在看到危险时撒腿就跑，感觉到烫的时候抽回双手。除了人类，地球上的其他动物大多也有这样的大脑。

最中间的大脑为"哺乳类脑"，又称"情绪脑"。人类的爱、恨、情、仇都在这里，是行为和决策中心。人类的这一层大脑负责感知、情感、意义和价值。

最外层的大脑皮层，又叫"新皮质"，俗称"理性脑"。这一层脑具有高阶认知功能，是神经元细胞最密集的地方，更多地影响着我们的逻辑能力和理性思考能力。理性、图形、语言、逻辑思考，全由它负责。

"理性脑"负责"法"和"术"，对应黄金圈的"怎么做"和"做什么"层次（见图 1-5 ）。

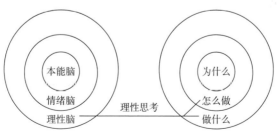

图 1-5　三重大脑与黄金圈对应关系图

由外而内沟通，也就是从"做什么"（术）开始沟通，较容易让读者理解数据、事实，但无法刺激读者产生行动。

相反地，由内而外沟通，也就是从"为什么"（道）到"做什么"（术）进行沟通，则能直接与掌管情感、控制行为的情绪脑和本能脑对话，从而刺激行动。

嵌入金字塔和黄金圈的"道法术"结构，如图1–6所示。

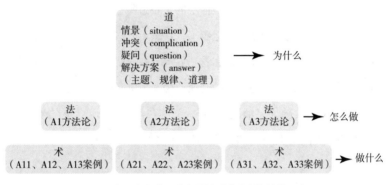

图1–6 嵌入金字塔和黄金圈的"道法术"结构示意图

诚品书店的品牌文案分析

以黄金圈法则来分析，文案的每一句话，都涉及一个中心思想，以此实现与顾客的沟通互动。

海明威阅读海，
发现生命是一条要花一辈子才会上钩的鱼。
梵高阅读麦田，
发现艺术躲在太阳的背后乘凉。
弗洛伊德阅读梦，

· 为什么：人文素养的体现，包括了人文、艺术、创意、生活、善、爱、美、终身学习。

· 怎么做：阅读图书才能提升人文素养。

发现一条直达潜意识的秘密通道。

罗丹阅读人体，

发现哥伦布没有发现的美丽海岸线。

加缪阅读卡夫卡，

发现真理已经被讲完一半。

在书与非书之间，

我们欢迎各种可能的阅读者。

·做什么：目标人群购买图书，实现进化。

使用黄金圈法则，从"为什么"出发的表达非常重要。正如马丁·路德·金的经典演讲标题是"我有一个梦想"（I have a dream），而不是"我有一个计划"（I have a plan）。

梦想就是"为什么"（道），计划是"怎么做"（法）。

第二章

高效能学习笔记

读书笔记：知识达人的学习利器

结构化的知识是最有力量的，结构式的学习也是最有效的。因为一旦知识结构片面或学习片面，就会有漏洞。人类文明发展到今天，最能结构化记录知识的产品形态就是书，我们要学会读书，就要学会结构化地看书学习，而不是泛泛地浏览。

大部分人在读书时，有两个普遍现象：一个是囫囵吞枣，不能理解其中的道理；另一个是读了不少书，依旧有知识的贫穷感，不能读为所用。

曾国藩在给儿子的信中写道："避重就轻乃读书之大忌。"他恪守"读一不二"的古训，也就是一本书不读完，不读第二本，拒绝游手好闲式读书。

对于经典图书，他强调在阅读时要专心致志，聚精会神，有耐力和耐心，这样才能知道书中的精华在哪里，糟粕在哪里。所谓"一句不通，不看下句，今日不通，明日再读，今年不精，明年再读"。

在他看来，读书就像打仗，必须攻下一个个大的据点，才能取得最终的胜利。如果只是随意攻下一个小村寨，并因为这些微小的成就而沾沾自喜，头脑里最终空空如也。曾国藩的原话就是："譬之兵家战争，看书则攻城略地，开拓土宇者也；读书则深沟坚垒，得地能守者也。"

1. 高效能结构式读书的三步法

高效能结构式读书的核心要义就是将同样性质但不同内容的书，多看几种，如此既能相互比较，又相当于在不断复习。

（1）同一个大主题下的多个子主题阅读

怎么理解同一个大主题下的多个子主题阅读呢？比如，你要研究品牌方面的知识，可以同时研究杰克·特劳特（Jack Trout）和艾·里斯（Al Ries）的定位理论体系，罗瑟·瑞夫斯（Rosser Reeves）的独特销售主张，大卫·麦肯兹·奥格威（David Mackenzie Ogilvy）的品牌形象理论，李奥·贝纳（Leo Burnett）的人本主义和创意文化，唐·E.舒尔茨（Don E. Schultz）的整合营销传播，包括后来出现的品牌资产理论、品牌社群理论等，这些都属于大主题下的多个子主题。

在学习一个领域的知识前，我们可以通过专家推荐或者自己查阅相关资料，选择几本相互匹配的书，至少读上两遍，包括快速通读和重点精读。我们需要在一定的时间内完成这个阅读，获得对图书和这个领域知识的整体理解。

曾国藩说："看生书宜求速，不多阅则太陋；温旧书宜求熟，不背诵则易忘。"读一个领域的某些图书时，可以分为三步：先涉猎，后常读，再熟读。涉猎就是一眼看过，了解大意；常读就是不止看一遍；而经典图书，非熟读不可，需了然于胸。

（2）同一个子主题下的多视角学习

什么是同一个子主题下的多视角学习？比如，我向专注于实践定位理论 18 年的里斯中国高级顾问李亮老师请教了如何阅读"定位"书系。他说，如果是企业，只读三本书就够了，那就是《品类战略》《营销革命》《与众不同》三本工具类定位书。如果想做更系统、深入的研究，就要再看四本理念书，分别是《定位》《商战》《聚焦》《品牌的起源》。

除了以上特劳特和里斯写的定位主题图书，也可以看邓德隆、张云、冯卫东和潘轲关于定位理论的图书，或者其他作者的作品。甚至也可以把雷军、曹德旺等企业家关于定位的分享内容找出来，这也是一种补充性的视角学习。这些人分别代表了经典定位时期、中国实践时期等不同阶段的思考和实践。我们从中对比，反复阅读，可以更好地开拓这个子主题里的思路。

（3）拟大纲并构建知识体系

对自己关注的领域有一定的了解后，我们可以尝试拟一个大纲出来，看看自己已经掌握了什么，还需要补充什么。在之后的一段时间，我们可以有针对性地阅读、思考和实践，最终可能形成个人在这个领域的知识体系。

我个人在定位理论的学习和实践上积累了大量的笔记，其中的战略定位六步法、品类创新、品牌三问、品牌价值方程式等，是我常常用来思考且常用常新的方法论工具，也不断融合各种案例来验证理解。

在此基础上，我可以给大家·些其他小建议。

第一，很多人关心怎么构建自己的知识体系，其实知识体系的本源应该是自己想成为什么样的人，适合我的不见得也适合你。

第二，一定要有追问意识，学会提问，而且是要对本质的提问，问出好的问题胜过得到好的答案。

第三，一定要建立一套完善的训练体系，不断刻意练习，强化从书中所学到的知识，不断反复、反复、再反复地梳理和思考。

第四，不断地去反思自己的实践和计划。

第五，用输出带动输入。比如读书时，一定要随时随地随手做摘录笔记，甚至可以做转述笔记或行动笔记，并且分享出去。

2. 读书笔记三部曲 RTG 法则

无论读什么书，遇到重要的地方，随时随地拿起笔来，或者打开电脑、手机的便笺工具，做一下读书笔记，这是必不可少的。

不管是摘抄，还是心得和延伸思考，都可以使大脑中多留一些知识的印象。对这些读书笔记还可以做一下分类，利于未来翻阅，等到需要的时候就会发挥更大的效力，甚至还可以像"笔记侠"一样传播出去。

做读书笔记有三种方法，这三种方法对应"笔记侠"提倡的一种概念，叫作"笔记三部曲"，即 RTG 法则。R 是记录（record），T 是整理（tidy），G 是行动（go）。RTG 法则对应的三种笔记法具体如下。

（1）摘录笔记：提取图书中的"道法术"结构

所谓摘录笔记，就是通过记录帮助理解书中的"道法术"结构。

因为真正的好书有完整的"道法术"结构，其中的逻辑、方法论层层相扣，经得起细细品读。建议大家先把书中的中心思想、方法论和案例摘录出来，重要的句子标红或加粗，甚至可以只摘录对自己有用的某一层面或某一个逻辑。

在教育心理学中有一个"理解记忆法"概念，这是一种在积极思考、达成理解的基础上记忆知识的方法。理解是记忆的前提和基础，因此，理解记忆法是最基础、最有效的记忆方法。

我常常说，做笔记不是做速记，更不是靠记忆力，而是要用理解代替记忆。我们在摘录时，其实就是在理解其中的中心思想、方法论和案例。

关于摘录的方法，现在有一个很流行的快速读书方法——拆书。所谓"拆书"，就是拆解一本复杂的书，把其中的骨架和知识点找出来，用笔记的方式将它呈现。

拆书有什么价值呢？ 第一，拆的过程是一个快速又全面通读的过程，不会因为跳读而漏掉核心的信息；第二，拆的结果是形成书的要点笔记，让你对书的整个知识体系有全面的认识。

拆书时，很多人会做成一个思维导图。然而，做思维导图时也要注意，思维导图不能只有作图人看得懂，如果要分享给别人看，就需要考虑得更周全。

"笔记侠"和一些出版社长期合作读书笔记，我们每个月都会选出优秀的新商业类图书，然后发给全国各地感兴趣的笔记达人来完成读书笔记。做笔记时，我们会非常重视他们有没有把这本书最基本的中心思想、方法论和案例理解透彻。

人的学习水平在某种程度上就是拥有正确的底层知识的数量，以及调动这些关键知识解决问题的能力。所以，我们判断一个笔记达人的摘录笔记做得好不好，就看他有没有把中心思想说清楚，方法论是否齐全，案例是否翔实。做好摘录笔记是一个初级的读书学习者必须掌握的基本技能。

（2）转述笔记：从理解到清晰表达的刻意练习

读书笔记的第二种方法是整理（tidy），可以做成转述笔记，来帮助你思考。

转述法是指我们用自己的语言，通过"道法术"结构，把自认为非常重要的一部分知识很好地转述出来。

比如华东大区的笔记达人统领，转述的能力特别强。他考上了麻省理工学院 MBA，经过长期的训练，形成了极强的归纳和演绎能力。他读书时就常常使用转述法，先读完一本书，然后用自己的语言转述出来，进行再次诠释，准确地解读，清晰地描述，从而证明他完成了对这本书的吸收。

这一事情在我职业生涯的大量时间中都在进行，每次读完一本书，我都会进行加工理解。反复加工理解的过程，就在加深自己对阅读内容理解的程度。

第一种加工程度是将表面意思复述一下，第二种加工程度是能够从这段知识关联到更多的内容，第三种加工程度是能将知识打散，再根据自己的需要重新组合。对知识重新加工组合的方式不同，对知识理解的深度也会因此不同。反复训练后，你就能训练出一种逻辑清晰、观点明确、语言凝练的能力。

孔子曰："学而时习之，不亦说乎？"学了知识，然后按照一定的时间和方式复习与练习它，不也是很愉快吗？这就好像拿到了一堆积木，有人原封不动地照搬，有人却能根据需求重新将积木拼成桥、拼成车。

在转述时，同时添加感受描述也是非常重要的。比如："我觉得这个'客户三问'特别好，特别能给我带来启发。"这样的感受描述有时候比论点和看法更能起到有效的沟通作用。

摘录笔记和转述笔记属于学院式学习，通过记录和整理，完成以知识为中心的学习，实现了对知识的记忆理解和归纳。

（3）行动笔记：一种行之有效的成人式学习法

读书笔记三部曲的第三部是"行动"（go），也就是行动笔记。它可以帮助我们沉淀行动和思考。

比如《小米生态链战地笔记》，以小米生态链内部视角，全面记录和梳理了小米生态链的萌芽、发展和壮大过程，以及如何以极致的产品进入不同领域的故事。再如柳井正的《经营者养成笔记》，是一部关于个人心得的成长日记。

行动笔记还有其他说法，如实战笔记、复盘笔记。一旦懂得萃取团队经验，就可以实现知识的复利。

行动笔记的做法是用自己的实践经验进行引申放大，试图对自己的行动再次升华出"道法术"，与曾经读过的图书要点相结合。

这是一种成人式学习，因为成人的记忆力会随着年龄的增长而不断衰退。做这种行动笔记就是以自我为中心的学习，强调关联自己的经验及实践，聚焦于解决实际问题。

这一点非常重要。很多优秀的人、成功的人在实践时，能够像专家一样严密细致地思考，并且在现实中结构化地行动，最后提炼升华，在今后使用时可以随时调取知识经验。通过这种持续的训练，我们能够将应用于生活和工作的方法结构化，形成清晰的"道法术"结构。

雷军是应用定位理论的大师，他既深度学习了定位理论，又自己总结出互联网产品七字诀：专注、极致、口碑、快。这恰恰暗合了定位理论中的"通过聚焦，最大限度地占据心智"这一观点。

行动笔记，是一种源于实战、高于实战又回归实战的笔记，而且融合了自己曾经在读书中所获得的真知灼见。

孔子说："学而不思则罔，思而不学则殆。"一个人如果一味地学习而不思考和行动，就无法深刻理解和有效利用书本的知识。如果一味地空想而不去进行实实在在的学习和钻研，则终究是沙上建塔，一无所得。我们只有把学习、思考和行动结合起来，才能真正地掌握知识，并且能够提炼出自己的实践心得，否则最后会收效甚微。我们要善于理论联系实际，然后对行动进行归纳总结，最后获得自己的行动笔记。

有什么工具可以帮你快速做好读书笔记呢？现在的工具非常发达，手机、电脑都有各种各样的应用，如有道笔记、印象笔记、备忘录、微软 OneNote。我们在刚开始记录时，可能是东记录一点、西记录一点，散落在各个地方。只要我们好好地使用这些新工具，就能让它们成为我们大脑的延伸，成为个人认知的延伸。

在我们独家开发的《高效学习 24 讲》中，王世民老师专门有一节课的内容就是教大家"掌握迄今最有效的知识体系承载工具：OneNote"。他在其中就提到怎么使用这些工具，避免因为大量的记录而让自己更加混乱。

最后，做完读书笔记还可以进行分享。你可以在自己的公司社群中进行分享，也可以加入一些社群进行分享。比如，"笔记侠"的社群包括很多读书笔记达人的社群和思维导图的社群。

当然，你也可以自己建立一些单点突破的群。比如现在有很多人喜欢德鲁克的书，会根据他的书做一些读书笔记、思维导图，那么是不是可以建立一个专门的群来讨论、学习呢？通过这种方式就可以链接很多志同道合的伙伴。当大家学习到一定程度时，还可以邀请这个领域优秀的老师入群一起解读，帮助大家固化这些知识。

读书笔记是我们的阅读过程中不可或缺的一部分，它可以帮助我们记录自己的阅读历程和思考过程，帮助我们更好地了解和发掘自己的想法。这一节，我主要分享了如何更好地读书以及做读书笔记的 RTG 方法论。

　　第一，读书笔记的道理在于通过结构式学习，搭建结构性知识系统，为此我们学习了高效能结构化阅读的三步法。核心要义就是将同样性质但不同内容的书多看几种，如此既能相互比较，又相当于在不断复习。

- 同一个大主题下的多种子主题阅读；
- 同一个子主题下的多视角学习；
- 拟大纲并构建知识体系。

　　第二，我们了解了读书笔记的 RTG 三部曲。

- 摘录笔记，记录精华的中心思想、方法论和案例，即"道法术"；
- 转述笔记，准确地解读，清晰地表达；
- 行动笔记，帮助你从行动和思考中沉淀出"道法术"结构，并且融合过去所读的内容。

　　我们掌握了以上的方法论后，还可以加入或者自己建立读书社群，相互促进，相互交流，让自己摆脱知识或智慧的匮乏感。

课程笔记："过耳不忘"的核心秘密

我们要厘清一个概念：做课程笔记，不是做速记。

有一次，一位同事和我一起去听课，她坐在我身边全程目瞪口呆地看着我做笔记。课后，她说她之前一直很疑惑，我并没有速记能力，为什么能把老师讲的内容完整地记录下来，现在终于明白了，我是通过理解老师讲的"道法术"结构来记录内容的。确实，我听课时并没有马上记录老师说的每一句话，而是在理解之后记录有价值的内容。

经济学家张五常老先生说过一句话："要用理解代替记忆。"理解可以帮助我们记住知识，理解才是我们做课程笔记的精髓所在。

1. 四个理由爱上"第二大脑"

做课程笔记强调的是有逻辑、有重点地记录内容，抓住课程的"道法术"结构。这需要有一定的快速理解能力和信息抓取能力，这样才能做到边听边梳理逻辑。**做课程笔记是构建"第二大脑"的过程，做课程笔记有四大好处。**

（1）有助于深刻地理解课程的"道法术"结构

好的课程本身就有严格的"道法术"逻辑，但人的脑容量有限，于是笔记就是人的"第二大脑"，我们可以通过笔记提取其中的中心思想、方法论和案例。

整理课程笔记的过程，也是刻意练习"道法术"结构的过程，能够让我们更深刻地理解这堂课的内容。做课程笔记的人的收获，在整个现场仅次于老师，远远高于普通听众。

（2）有助于更好地传播"道法术"结构知识

当你学完课程后，所做的笔记内容可能会涉及工作流程中的其他人，他们也需要掌握这个知识，那么一份"道法术"结构清晰的课程笔记，就可以更有效地帮助他们。

（3）有助于职业社交

很多时候，我们在职场中会因为某项工作做得格外出彩，而得到别人的重视和认可。做好一篇"道法术"结构的课程笔记，也是其中的一项杰出技能。

现在的线上课程、线下培训以及讲座沙龙络绎不绝，如果我们能够在上课结束后，给大家分享一份得体、全面、符合"道法术"结构、行文逻辑和结构都十分清晰缜密的笔记，必然会成为大家关注的焦点。

（4）有助于岗位技能的提高

如果你在一家以知识产品为主要业务的企业工作，内容负责人和新媒体编辑也必须在入职后学会这项技能。如果你是企业负责人，也可以通过课程笔记，考查员工的细心、耐心、认真的程度。

2. 课程笔记三部曲 RTG 法则

很多人以为把分享者的内容大纲整理出来或者将内容实录出来，就做好课程笔记了。这样的投入产出比是非常低的。比如，一节 30 分钟的课程录音，整理录音文字稿的时间通常是 30 分钟的几倍。

"笔记侠"是怎么解决这个问题的？在读书笔记三部曲 RTG 法则中，"笔记侠"提到记录（record）、整理（tidy）、行动（go）。在课程笔记三部曲 RTG 法则中，"笔记侠"把 G 换成了 go to share，也就是分享。

（1）记录

①课前预习

课前预习很重要，因为人的大脑不允许空白和问题的存在。如果我们能在课前准备好问题，那么在课程中就很容易把大脑调动起来，从而找到答案。

课前预习是指听课前先看一看老师将要讲的内容，这样在上课时，部分内容就已经是熟悉的，不再是黑箱子，从而对老师所讲的内容多一些理解。

只要课前进行了预习，你对课程的理解力就一定会提升。

②课上专注

听课时一定要全神贯注，尽可能不看或少看手机，不要总是观察别人。

如果老师讲得明白，就跳过；如果老师讲得不明白，可以记录下来，做个问号标记。如果有些地方你觉得有异议，也可以标注出来，在课后向老师或身边的人求证问询，或者自己去搜索查明。如果能做到这一点，那么你在上课时就能够做到专心致志。

就像潜水一样，如果小动作太多，就会导致身体在水中浮浮沉沉，不能很好地下潜，而且会消耗过多的氧气，甚至还会吸进海水，引起伤害。如果上课时有一些小动作，甚至走神，会错过很多重要的内容。

③课后转录

如果你有速记基础，可以在现场将课程内容直接记录下来；如果不会速记，就可以选择使用一些工具，把课程的音频转化成文字。

（2）整理

①删：删除语气词、重复意义的词或者句子

我们拿到转录文字稿的第一时间应该先通读，把"唉呀""这个""那个"等口头禅全部删掉，再删掉一些重复表达的内容，一句话能说明白就不要反反复复阐述。当然，有一些重点内容可能是老师刻意重复强调的，需要注意区分一下。

②搭：梳理逻辑或重新搭建文章结构

老师有时候会因为紧张、准备不充分，在讲课时出现"跳节奏"的情况。因此，我们整理笔记时，需要按照"道法术"结构梳理前后逻辑，补齐被"跳节奏"的内容，甚至有时需要对整篇笔记的结构重新进行搭建。这是我们在整理课程笔记时经常遇到的事情。

只有中心思想明确、方法论清晰、案例鲜明的"道法术"结构文章，才能提高自己和他人阅读的获得感。

③替：替代生僻词

课程中出现的生僻词，主要是指老师在自己的工作环境下，与团队默契配合产生的、便于内部交流使用的词语。比如有一些自媒体会把公众号称为"后台"或"老家"，我们整理笔记时看到这些词语就要辨

别出来，把它们转换成容易快速理解的词语。

④增：增加批注

有时候，课程内容中会出现一些不能被替代的词语或人名，如专业术语、特有名称、陌生领域的专家等。如果读者对这个知识点存在疑问，就会影响阅读效果。如果读者想通过查阅资料弄清楚相关词语的含义，就增加了一个动作，影响了阅读的连贯性；如果他往下继续读，可能因为这个关键词没有理解透彻，影响到后文的阅读理解。所以，我们需要给这些特殊词语进行批注。批注的内容可以用浅色的文字显示，呈现话外音的效果。

有时候，演讲者一笔带过所分享的某个案例，其实背后包含了很多信息和细节，我们在整理笔记时也可以对案例进行扩展说明，便于读者详细了解案例情况，从而更深入地理解课程内容。

有时候，老师可能提到一些概念或观点，我们可以根据内容需要补充相关的文章链接或者延伸阅读。慢慢地，我们就会发现不仅课程笔记的整理比之前更有成就感，而且丰富了自己的知识。

⑤拆：拆分内容，自拟标题

有些文章还可以进行拆分，就是将原有的整体按内容分段分节，并且对每个结构拟出小标题，这也是对每个模块梳理内容的过程。

（3）分享

分享可以激活笔记的生命力。无论你用哪种形式完成了笔记，无论准备用哪种方式分享，都可以在分享前把版式、配图再优化一下。好的版式可以提升阅读的愉悦感，好的配图可以缓解大量文字带来的压力，也是视觉美感的直接呈现。

然后，把笔记分享出去吧。

有什么标准可以评判一份课程笔记是否优秀？

"笔记侠"公众号整理的课程笔记，为什么可以长期阅读，经得起时间的考验？因为我们在做笔记的时候，要符合以下四个标准：

- 符合"道法术"结构，清晰呈现课程的核心思想、方法论和实战操作。
- 有助于自己或别人全方位地理解和思考。
- 内容完整，并且做到逻辑连贯和通顺。
- 观点清楚，推导过程明确，事实要素清晰，信息量要足够到位。

知识地图：管理知识，构建知识库

在互联网时代，无论企业还是个人，面对海量信息都面临无法快速、高效地掌握知识的问题。尽管我们每天甚至每小时、每一分钟都有可能接触新知识，也越来越能够无障碍地接触到海量的知识，可是，当我们真正需要用到知识的时候，却常常想不起来或者无从下手。

没有任何一个搜索引擎，能够每次都为我们精准、高效地匹配到需要使用的知识，而我们脑海中的知识也常常处于混乱的状态。因此，我们需要一个属于自己的知识体系，为自己所用。能否高效地建立知识体系，考验的正是知识管理能力。

1. 知识管理的必要性

被誉为"知识管理理论之父""知识管理的拓荒者"的野中郁次郎，在《创造知识的企业》一书中提出了"知识创造理论"，以知识创造能力来诠释日本企业的成功。

他在书中探讨了一个问题——日本企业在大衰退和各种不确定性

并存的恶劣环境中，为什么依然具有面向未来的竞争力？其中一个重要的原因就是：日本企业重视知识创造的能力，重视内外知识的管理。

什么是内外知识？简单来说，一个人的知识系统可以分为内部知识体系和外部知识体系。内部知识体系是存在于大脑内的知识体系；外部知识体系是存在于人体外部的知识体系，如以纸质、数码或其他形式储存，以文字、图像、声音、视频等形式展示的知识系统。

野中郁次郎对时代的判断和德鲁克是一致的，即现在是知识经济时代，企业将以知识工作者为主体。他认为在一个只有不确定性能确定的经济环境中，持续具有竞争优势的一个确定性来源是知识，人是最重要的资产，知识是企业的战略性资产。

《创造知识的企业》一书这样阐述知识的重要性：德鲁克等人都以自己的方式揭示了新经济或新社会的到来，德鲁克将它称为"知识社会"，因知识在社会中发挥的关键作用而使之与过去的社会有明显的区别。德鲁克于1993年在他的新著作中认为，在新经济时代，知识不仅是与劳动力、资本和土地等传统生产要素并列的资源，还是当今唯一有意义的资源。他指出，知识已经成为最重要的资源，而不是一般的资源，这个事实正是新型社会独一无二的特征。

未来学家阿尔文·托夫勒（Alvin Toffler）在1990年提出的观点与德鲁克的论点相互呼应，他在《权力的转移》一书中，宣称"知识是高质量权力的源泉和未来权力转移的关键所在"。托夫勒注意到，知识已经从经济实力和军事实力的附属物一跃成为它们的根本，这就是全世界加强对知识的控制的原因，也是沟通方式的竞争如火如荼的原因。他坚信知识必将最终取代其他资源。

这些大师还一致认为：未来属于拥有知识的人。德鲁克说，在一个基于知识的社会中，"知识工作者"是企业最宝贵的资产。在他的定义中，知识工作者就是一个知识管理者，他知道如何将知识分配到最有用的地方，就像资本家如何把资金分配到最有价值的地方一样。

2. 知识地图的基础

知识地图是知识管理的关键工具，是一种既包括显性的、可编码的知识，也包括隐性知识的导航系统。

什么是显性知识和隐性知识？这其实是迈克尔·波兰尼（Michael Polanyi）在 1958 年从哲学层面提出的一组概念。

显性知识是可以通过媒介记录和传播，能够从课堂、图书馆和数据库得到的知识。显性知识很容易分享、储存、表达和学习。

隐性知识则是隐含在个人头脑中的知识，是人们头脑中掌握的经验、技能、想法、灵感、直觉、信念、情感、价值观等，这些是内心知道却无法将其转换成语言的经验性、身体性知识。隐性知识往往没有被编纂或记录下来，因此很难分享和学习。

例如，书本上可以记录许多音乐知识，但如何像贝多芬那样去谱写交响曲，则很难从书本上习得。书本上的音乐知识是显性知识，贝多芬掌握的独一无二的谱写交响曲的技能则是隐性知识。

野中郁次郎以波兰尼的知识二分法为基础，从"显性知识"和"隐性知识"的关系入手，认为知识管理的一个很重要的目标就是挖掘隐性知识，即不仅要对客观信息进行简单的"加工处理"，还要发掘员工头脑中潜在的想法、直觉和灵感。

在他看来，隐性知识可以分成两个维度。第一个是技术维度，包括非正式的和难以确切明示的技能或手艺，可用"诀窍"这个词来概括。例如，一位工匠大师经过多年的历练后，积累了丰富的专业技能，做事能信手拈来。但是，他往往说不清楚自己所掌握的技能背后的科学或原理。

隐性知识的另外一个重要维度是认知维度，它由心智模型、信念和知觉组成，它们是如此的根深蒂固，以致我们往往认为它们似乎是与生俱来的。隐性知识的认知维度反映了我们对现实世界的意象，以及我们对未来的愿景。虽然无法说清楚它们，但这些只可意会的认知模型塑造了我们感知周围世界的方式。

注意，隐性知识和显性知识并不是完全割裂或对立的，而是相互补充的。显性知识和隐性知识的相互作用，将使一个人和一个团队不断加以拓展。

3. 知识地图的分类

知识地图是对流程、概念、能力、直觉、价值观、岗位模型等的切实表述或分类，它起到了一种搜索导航的作用，可以使使用者快速找到自己所需要的知识点。

构建知识地图用到的核心工具，就是我们前面讲到的"道法术"结构、金字塔原理和黄金圈法则，所用到的方法就是归纳法、演绎法、类比法。

通常情况下，我们可以将知识地图分为三类。

（1）面向流程的知识地图

面向流程的知识地图是将一件事情从头到尾所要经历的流程可视化，将复杂的流程变为图形。面向流程的知识地图的主要作用是规划知识管理方案并推动知识管理的实践。

（2）面向概念的知识地图

面向概念的知识地图是指基于概念的知识组织方式。它通过将知识按照概念进行分类和组织，帮助人们更好地理解和学习知识。面向概念的知识地图可以帮助人们建立知识的关联，形成更为系统和全面的知识结构。

（3）面向能力的知识地图

面向能力的知识地图是指基于能力的知识组织方式。它通过将知识按照能力进行分类和组织，帮助人们更好地了解和发展自己的能力。面向能力的知识地图可以帮助人们识别和评估自己的能力水平，制订个人发展计划，提升职业竞争力。

4. 知识转化的四步法

每个人接受的知识是不同的，因此无论个人、团队还是企业，所建立的知识地图都是不同的。尽管如此，建立知识地图的底层逻辑却是通用的。

野中郁次郎等大师归纳出了可以形成知识地图的知识转化四步法，即隐性知识产生新的隐性知识（社会化）、隐性知识产生新的显性知识（外显化）、显性知识产生新的显性知识（组合化）及显性知识产生新的隐性知识（内隐化）。

（1）从隐性知识到新隐性知识的转化

这一阶段属于人与人面对面学习的过程，常常通过观察和模仿他人以及经验的相互分享等方式进行转化。

例如师徒制，徒弟跟着师父一起工作，在工作中通过观察、模仿和实践，学到手艺。徒弟学到师父的隐性知识，并将其转化为自己新的隐性知识。

（2）从隐性知识到新显性知识的转化

在写下、录制、绘制隐性知识或以其他某种方式将隐性知识可视化和具体化之前，往往需要一个中间媒介。

例如，一个知识型记者在采访一个知识渊博的人时，可以用比喻、类比、概念、假设或模型等形式将深奥的知识提炼、总结出来，让知识不再晦涩难懂，让更多的人能够了解和应用这些丰富的知识。

（3）从显性知识到新显性知识的转化

这是一个将各种松散的显性知识系统化为知识体系的过程。比如，以审查报告、趋势分析、执行概要或者新数据库的形式来组织相关知识。

例如，在市场结构发生重大改变时，企业的业务结构随之改变，然后组织结构也要改变。因此我总结出"转型升级九宫格"这套逻辑结构和框架体系，把战略知识、产品和服务设计知识、营销知识、组织管理知识综合起来，得到系统化知识。管理层可以通过"理战略、炼产品、整营销、修文化、聚人才、塑团队、善管理、定目标、会分钱"这套框架体系，有步骤地开展转型升级。

对显性知识进行整理、增添、组合和分类，就像在计算机数据库中做的一样，重新配置既有的知识，由此催生新的知识。

（4）从显性知识到新隐性知识的转化

这是一种将新近习得的行为及新近理解的知识内化的过程。

新手如果能够获取高手的以文本、音频和视频等形式记录的显性知识，就可以通过"做中学"将显性知识内部化，深入思考，并可能在此过程中丰富自身的隐性知识。我们一旦理解、学习和消化了新知识，就可能改变工作和执行任务的方式。

有时候，不见得非要再体验他人的经历，显性知识内隐化才能发生。例如，阅读或倾听一个成功的故事，就能使组织内的某些成员受到启发，那些发生在过去的经验可能就会变成隐性的心智模式。当组织内的大多数成员共享这样的心智模式时，隐性知识就变成组织文化的一部分。

野中郁次郎说："人类的知识是通过隐性知识和显性知识之间的相互作用得以创造和扩展的。"

在不确定的时期，个人和企业更要拼命地从外部积累知识。在全球竞争中，华为就是不断地投入巨资招聘优秀人才和学习西方管理经验，吸取外部的显性知识和隐性知识。

一个优秀的个人和团队是显性知识和隐性知识相互作用的结果。一个糟糕的团队，成员之间显性知识的流动都很困难，甚至几乎没有隐性知识。

交互学习：高效能知识工作者的心智模式

有一条著名的认知曲线，叫作邓宁 - 克鲁格效应曲线。这条曲线告诉我们，人的认知会经历四个阶段（见图 2-1）。

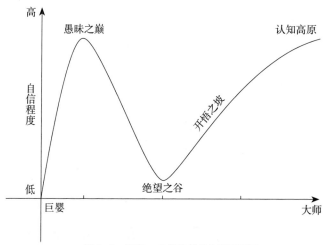

图 2-1　邓宁 - 克鲁格效应曲线示意图

第一阶段，不知道自己不知道。绝大多数人在这个阶段自以为是，狂妄自大，愚昧无知，处于"愚昧之巅"。

第二阶段，知道自己不知道。对未知领域充满敬畏，准备丰富自己的知识库，开始走向"绝望之谷"，大部分人在这个阶段都遇到了困难。知道自己不知道是成长的必要条件。

第三阶段，知道自己知道。有了知识和经验，走上了"开悟之坡"，抓住事物的本质规律，提升自己的认知。

第四阶段，不知道自己知道，敬畏谦卑，无知胜有知，是最高境界的认知。这已经到了大师的境界，进入了持续平稳的"认知高原"。

美团联合创始人王慧文说："根据我的观察，虽然大部分人不知道自己在愚昧之巅，但是大部分人都知道别人在愚昧之巅，这就产生了非常大的信息不对称。这是因为每个人在成长的过程中没有得到有效反馈，没有人告诉他，他现在处在愚昧之巅。所以，每一个人得到自己在愚昧之巅的有效反馈就变得非常的重要和稀缺了。"

那么，如何从"愚昧之巅"走向"认知高原"？

1. 开启心智模式

（1）什么是心智模式

心智，是我们接收信息、储存信息、处理信息的一系列动作和方式。心智模式就是我们认识事物的方法和习惯，是深植于我们心中的价值观、信念、假设、形象和故事，并且受习惯思维、思维定式、已有知识的局限。简单来说，就是大脑中已有的认知地图。

"学习型组织之父"彼得·圣吉（Peter Senge）是这样定义心智模式的："心智模式是我们对一件事、一种情况、一个活动或者一个概念的看法和视角，这是一个根深蒂固的假设，它影响着我们对世界的理解和我们的行为方式。"

（2）心智模式因人而异

每个人都有自己的心智模式，它就像操作系统或一个"滤镜"，会影响我们所"看见"的事物。比如同样一朵花，有人看成一朵普通的花，有人看到了美。

现实中人与人之间存在的认知偏差，大多数是由于人的心智模式不同。对同样一件物品，因为不同的认知结构与看法角度，最终的解读和感悟都会完全不一样。

2. 区分两种心智模式

罗杰·施瓦茨（Roger Schwarz）在《聪明领导，高效团队：如何提升团队有效性，取得更好结果》一书中提出两种心智模式：**单边控制型模式和交互学习型模式。心智模式决定了一个人的行为，而行为决定结果。**

（1）单边控制型心智模式

单边控制型心智模式就是一切按照自己的想法行事的一种强势行为。这种模式的背后有两个隐藏的假设。

第一个假设："我了解事情的全貌。"

认为自己了解事情的全部方面，没有什么是自己不知道的。但这通常是一种错误的假设，和盲人摸象的故事一样，是人们对事物了解不全面且固执己见，从而乱加揣测。

我们在所有领域，哪怕是自己最擅长的领域，对事情的了解也一定是有限的。我们要理解世界的复杂性，承认在很多领域都会存在我们认知的空白。

如果意识到这一点，我们在学习的时候，就会变得更加谦卑，会愿意静下心，看一看、听一听不同观点，了解其中有哪些是我们原本不知道的知识。

第二个假设："我是对的。"

认为那些和自己看法不同的知识都是错误的。世界是复杂的，从来没有绝对的正确答案。一件事情放在不同的场景之下，得到的结论可能会不一样。

我们要接受这个世界上存在不同声音，只有站在不同的角度思考，对一件事情的思考才能深入和全面。所以，当我们听到不同声音时，不要急着否定。**差异恰恰是学习的机会。正是因为有一些不同想法的相互碰撞，我们才可能对一个事物有更深入的理解。**

（2）交互学习型心智模式

交互学习型心智模式是指通过探究和相互对话交流，让彼此变得更好。和单边控制模式一样，交互学习型心智模式也有两个假设，但是假设的内容却与之相反。

第一个假设："每一个人都能看到其他人没有看到的方面。"

如果把各自大脑中的图画拼接在一起，就可能更接近真实的客观世界。

第二个假设："没有绝对的对与错，有差别是一个相互探讨学习的好机会。"

差异意味着创新，意味着更多、更好的解决方案。因此，野中郁次郎也非常强调交互学习的价值。

隐性知识无法轻易地传达或传递给他人，因为它主要是通过经验获得的，不容易用语言表达出来。因此，让具有不同背景、不同观点和不同动机的众多个体共享隐性知识，就成为组织创造知识的关键步骤。

个人间要建立相互信任，就必须共享个人的情绪、感情和心智模式。要实现共享，我们需要一个能够让不同个体通过面对面对话、彼此互动的场合。在这里，他们共享经验，同步身体和心理的节奏。

通过对话、讨论、经验分享和观察，知识可以在团体层面被扩大或固化……提供一个共享的环境，让每个人在其中都可以彼此交互。团队成员通过对话和讨论碰撞出新的观点，这种对话裹挟了大量的冲突和不同意见，但正是这种冲突推动了个人质疑现有的前提，并以新的方式理解他们的经验。这种动态的交互促进了个人知识转化为组织知识。

因此，将具有不同知识背景、知识存量、知识结构的人聚集在一起，提供彼此间交互学习的机会，能够促使知识的获取、吸收、转移、传播，成本更低，也更为便捷。

我们无论是建立自己的知识地图或知识库，还是思考一件事情的时候，都应该保持交互学习型心智模式。任何时候，我们都应该打开心和脑，让知识产生更多的有效联结，从而对知识进行管理，建立知识库，成为高效能的知识工作者。

第三章

高效能工作笔记

计划笔记：别人眼中的高效达人

计划笔记是工作笔记的重要内容之一。做工作笔记不是为了记忆，而是为了遗忘。因此，面面俱到的笔记方法不适用于工作。

在工作中，我们需要准备好三个笔记本，让工作效率变得更高：第一个是航母笔记本，用于记录信息，尺寸越大越好，可以大量地记录会议内容等信息；第二个是随身笔记本，用于存储灵感，尺寸可以小一点；第三个是日程笔记本，用于管理日常安排，可以选中等尺寸。诚然，这三个笔记本也可以用线上工具替代。

如何做好工作笔记中的计划笔记呢？

1. 遵循"六点工作清单制"

（1）掌握"清单式思维"

什么是清单式思维？简单来说，就是把需要做的每一件事都以清单的形式进行整理，并将需要完成的时间点和关键点写下来，而且严格按照所列清单推进。

当一个人有许多事情要完成，或者一件事情需要许多人共同完成的时候，可以采用清单式思维。这个方法非常适用于团队管理和项目管理，清单式思维可以用来筛选和检查工作，减少出错。

清单式计划的关键，是要将事件收集分类并罗列出来。首先，将一天或一周需要做的事情全部罗列出来。其中，周一是一周当中最重要的一天，因为这天不仅要写日计划，还要写周计划。然后，做完一件事就划掉一件，就像打怪兽一样一个个去消灭它们，直到打完所有的"怪兽"，就完成了整个计划。

（2）运用"四象限法则"

四象限分类

如果事情太多、太繁杂，就要把事情进行分类，然后贴上标签。

如果以重要性和紧急性两个维度，用矩阵的方式画出四个小格子，就可以把时间分为四个象限（见图3-1）。

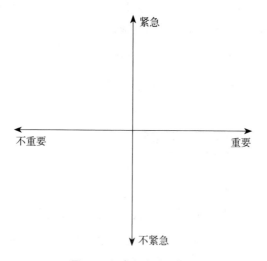

图3-1　四象限法则示意图

第一个象限是重要且紧急的事情，如重要会议、与客户签合同等；第二个象限是重要但不紧急的事情，如准备工作、编写规划、维持关系、拜访客户、学习培训，还有各类防患于未然的预防性工作；第三个象限是紧急但不重要的事情，如不速之客到访；第四个象限是既不重要也不紧急的事情。

四象限排序

我们可以按照以上的分类，将事情罗列出来，并进行先后排序。怎样才能在有限的时间内做更多有效的事情？答案是永远重点做重要但不紧急的事情。

许多人习惯于先做重要且紧急的事情，再做紧急但不重要的事情，然后做重要但不紧急的事情，最后做既不重要也不紧急的事情。由于常常去完成这些紧急的事项和迫切任务，导致很多人都像"救火队员"。

实际情况是，有很多重要但不紧急的事情，往往因为时间要求宽松，便一拖再拖，始终没时间去落实，甚至越拖越糟，最后到了一发不可收拾的地步。

凡是能够在事业上做出卓越成绩的人，都是时间管理的专家。时间管理的出发点，在于学会处理事情的优先次序，先考虑事情的"轻重"，再考虑事情的"缓急"，把时间优先花在做重要但不紧急的事情上。

高效执行计划

根据四象限的优先级，我们对计划列表中不同的事项有不同的处理方式。

- 毫无价值的事，不用投入时间，立即删除；
- 有价值的事情，列入清单，首要处理；
- 有些事情需要分派给他人去完成；
- 有些事情是等你把这件事情完成后，才能进行下一件，那么你就先把第一件做好；

- 有些需要花费很长时间的事情，可以建立一个专项目录来跟进。

这时，我们会发现工作更加清晰，能很快地找到现在要做的、未来要做的以及做完之后马上要进行的事情。

当我们花费时间整理好了这些清单后，在执行过程中就会发现，它们能够使我们高效地管理事情和计划，本质上节约了更多的时间。

（3）实行"六点工作制"

简单来说，"六点工作制"就是把每天要做的事情尽量控制在六件以内。这是管理学家艾维·利（Ivy Lee）为福特公司总结的一套高效工作法。

当年福特汽车公司在管理上出现了问题，上下很难统一。于是，福特汽车公司的总裁拜访了当时非常著名的管理学家艾维·利。艾维·利从他掌握的几十种管理方法中，最终选择了"六点工作制"作为福特汽车公司的管理工具。

为什么是六点呢？因为太少的话，一些重要但不紧急的事情永远无法安排；如果太多，就会做不完。所以，每天列六项需要完成的任务计划是更合适的。

2. 擅用工具管理计划

（1）计划笔记的工具

计划的制订，需要工具来辅助。

很多人会使用便笺、记事贴，在自己的电脑前面贴一堆，这是最初级的方法；也有人选择在笔记本上写出周清单、日清单，这种方法非常实用，简单直接；随着很多 App 的出现，电子版记录清单深受大家的喜爱，这也是最有效的方法，因为它可以随时更改、随时记录。图 3-2 为周工作计划示意图。

周工作计划							
一、重要且紧急				二、重要但不紧急			
序号	任务描述	截止时间	完成	序号	任务描述	截止时间	完成
1			☐	1			☐
2			☐	2			☐
3			☐	3			☐
4			☐	4			☐
5			☐	5			☐
6			☐	6			☐
三、不重要但紧急				四、既不重要也不紧急			
序号	任务描述	截止时间	完成	序号	任务描述	截止时间	完成
1			☐	1			☐
2			☐	2			☐
3			☐	3			☐
4			☐	4			☐
5			☐	5			☐
6			☐	6			☐

图 3-2　周工作计划示意图

无论选择哪种工具，只有养成做计划的习惯才能使计划真正有效地落实。计划管理中最难的一步就是习惯的养成，因为计划的管理是一件持久的事情，我们要学会把事情分类，合理安排时间，这需要刻意练习后才会变成习惯。

（2）计划管理的技巧

在做一件事情的时候，如果出现另外一件事情打断你，就容易导致你的思绪被打乱，时间被切碎。在这种情况下，最常用的方法就是分辨哪件事情需要优先完成，然后把另外一件事先放在一边。

我们有可能因为自己的拖延、懒惰影响了计划的推进，从而给自己扣上了"做不了""坚持不住"的帽子。这时，我们需要提醒自己，"知行合一"是做一切事情的原则，不拖延，想到了就去做，时间久了，自然就会高效。

只要你能够克服以上问题，计划管理就能给你带来更多的时间。

（3）计划笔记的好处

学会了日计划、周计划的制订和执行，就可以制订月度计划、季度计划、年度计划了。但制订的顺序应该是先制订全年计划，再制订季度计划，再细分到月，最后按周推进。

长期积累这些文档，等到一个月、一个季度甚至一年后，你就可以清楚地知道自己做了什么、没做什么、哪些做得好、哪些没做好，也就能更好地评估自己。

我以前在做品牌服务的时候，会制订活动计划、传播计划、产品开发计划等。每当我制订月计划或季度计划的时候，就会回顾以前的计划，看自己完成度如何、进度如何、效率如何，通过复盘制订下一步的计划。因此，请务必把计划写出来。过去的计划和执行记录一定可以为下一次制订计划带来帮助。

另外，我还会把关于一个客户的不同计划，按照时间和类别进行分类。这样服务这个客户的第二年，或者服务其他客户遇到同类型的问题时，我就可以拿出以前的计划和记录来做参考。

做好计划笔记，可以帮助我们避免平常工作的穷忙和瞎忙。

3. 坚持两个内在习惯

成为一个卓有成效的自我管理者并不容易，还需要长期训练两个内在习惯。

（1）坚持善用时间

所谓"善用时间"，并不是说要把每一分钟都用好，而是要有投资思维，要把自己大块的时间投入那些真正重要的事情。也就是说，系统地管理我们自主可控的时间。

虽然每个人都想利用好时间，但在工作过程中，常常会出现各种各样计划外的工作，导致自己很容易被事情推着走，很难真正掌控时间，甚至会变成时间和任务的奴隶。

这时，我们要做好三件事：一是能够抵御紧急事务的进攻，这需要有很强的定力；二是要会分摊，把时间聚焦在两三件事情上；三是敢于舍弃，放弃一些没有意义的事情，把时间和精力用在一些有潜力的业务上。

（2）坚持要事为先

所谓"要事为先"，就是先做重要的事情，不在次要的事情上浪费过多的时间和精力。什么样的事情才算重要？重要性与目标有关，凡是有价值、有利于实现目标的事情，就是要事。

只有利用四象限法则指导自己的日常工作，才能掌握自己时间的主动权。重点处理重要但不紧急的任务，合理地计划安排大部分的时间，按部就班地完成；马上处理重要且紧急的任务；学会在紧急但不重要的任务中抽身；对既不重要也不紧急的任务直接说"不"。只有把主要的精力和时间集中地放在重要但不紧急的工作上，才能做到未雨绸缪，防患于未然。

德鲁克在《卓有成效的管理者》一书中提到，我们要时常思考几个问题："这个任务对你或对公司来说有多重要？如果你完全不做会怎样？""你是做这项工作的唯一人选吗？公司内还有哪些人可以完成这项工作?""这个结果怎样才能更快实现?如果你只有一半时间,这项工作该怎么完成呢?"

这些问题可以帮助我们判断工作价值的高低,是否需要放弃或分派给他人,从而保证把时间花在能充分发挥自己专长和热情的事情上。

用计划笔记提高工作效率和生活效率,让自己成为更优秀的人。

会议笔记：职场达人的超级"保险箱"

会议笔记也是工作笔记的常用类型之一。在学习会议笔记的方法之前，我们先了解一下会议的基本要点。

1. 会议现场的四种角色

大卫·坎特（David Kantor）提出，会议中有四种角色，分别是启动者、追随者、反对者、旁观者。

启动者：主动提出议题和方向的人

当新的项目需要采取某些措施来产生新的成果时，就需要启动者提出会议建议。

追随者：支持启动者的建议，并完善内容和措施的人

假如新项目、新措施确实有讨论价值，就需要支持者参与完善，看看如何能实现预期成果。

反对者：反对启动者的建议

反对者会否定启动者提出的建议，有可能是因为之前做过类似尝试，但没有产生有效成果。当参与者提出反对意见时，为了便于继续拓展思路，启动者或追随者此时需要扮演旁观者的角色。

旁观者：能够站在客观的角度，分析启动者提出的建议

旁观者面对新项目，应该完全处于中立立场，全面分析利弊得失，通过群策群力讨论如何实现目标。

理想化的会议状态是，参会的每一个人都能够在这四种角色中自由转换，从不同的视角看待问题，从而解决问题。

从参与的方式看，如果没有启动者，会议就会缺少方向；如果没有跟随者，会议就无法进一步推进；如果没有反对者，会议就无法具备多种视角和思考；如果没有旁观者，会议就无法客观评价每一个人的建议。

2. 不同参会人员的分工

主持人：一般为会议发起人，可围绕会议目的及时展开会议引导。主持人需要开场就说明本次会议的目的、目标、议题等，营造有目的性的、轻松的氛围，表明需求，引导大家畅所欲言，尽量保持中立态度。

记录者：会议紧密相关人员，能够逻辑清晰、客观公正地去理解主持人和参会人员的发言，并及时进行记录。记录者需注重提炼和准确理解发言人的意图，无须逐字逐句记录。

参会者：会议目的的需求对象，需轮流发言互动，提出问题并互相给出有效建议。

学习人员：可不参与讨论，也可在最后由主持人根据需要点名发言。

一场会议结束后，会议笔记质量的好坏，能直接影响项目是否可以有效执行以及团队成员的信息是否准确同步，尤其对于未到场的团队成员更为重要。

3. 开会沟通的六个原则

原则一：每一场会议必须有明确的主持者、启动者、记录者，每个参会者都要参与沟通。同时，受邀请的观摩列席者通常是团队的初级成员，任务是观摩、学习和提供意见。

原则二：由主持人把控会议的流程，但每个参会者都要提前熟悉流程。即使现场更换主持人，临时指定其他主持人，该临时主持人也可以轻松掌握会议进程。

原则三：在会议的讨论过程中可以有不同意见，但是最终的会议结果，任何一个参会者都要执行。在执行的过程中，成果共享、责任共担。

原则四：开会不迟到。会议发起人至少提前 24 小时发布会议通知或发起线上会议邀请。邀请中需明确会议时间、会议主题、会议大纲以及会议需要讨论的问题。与会人员需及时进行参会确认，如不能按时参会，须与会议发起人说明原因并明确可参会时间，或会后及时查看会议纪要和结论，落实会议精神。

原则五：注重闭环，列出待办事项。会议笔记末尾需列出待办事项，写明待办需求、负责人、预计完成时间，由项目负责人或指定人员进行跟踪交付。

原则六：根据不同的参会身份进行分工。除了主持人和参会者，还需要有记录者，有时也可以有学习人员。

4. 会议笔记三步法

有的人认为，只有翔实的笔记才能代表工作认真，所以每次开会时把所有人的发言和 PPT 上的文字都努力写进笔记本中，但这样的记录对工作的开展没有任何实质性的作用。

会议的**记录者首先应该厘清会议的重点，再围绕重点进行有效率的记录**。要想做到这一点，可以分为三个步骤进行。

（1）开会前理解会议目的

在开会前，记录者要先在会议文档上写好当天的日期、具体时间、会议主题和参会人员，以便日后检索翻阅。

每场会议都有明确的主题，记录者在开会前要提前理解，这个会议准备解决哪些问题，达到什么目的。

比如，在参加一个有关活动方案的讨论之前，可以提前在本子上列出一系列问题：活动主题是否认可？方案中哪些细节需要调整？如何调整？活动的时间排期和配合人员是否有疑虑？活动的执行是外包还是自己做？提前明确会议目的，就不会像搬运工一样什么都记，能清楚地知道什么信息是与会议重点相关的。尤其是会议召开前的 2—5 分钟，是记录者再次整理整个思路的过程。

（2）讨论时区分事实和意见

为什么原计划 40 分钟的会议，总是拖到两小时才结束？会议本来是基于事实总结意见的过程，但是会议中总有人以"我觉得""我猜"进行没有事实依据的发言，打乱整个会议的讨论节奏。

那些"我觉得""我猜"等出于主观想法的话语，只是"意见"；

像后台数据、业绩报告等这些能够亲眼所见的东西，才是"事实"。在听每个人发言的时候，记录者要能够区分清事实和意见。

如果会议中有人只是单纯地提出意见，就可以追问一句："方便说一下这个意见的理由吗？"或"请问你是基于什么事实提出这个意见的呢？"然后根据他解释的原因，判断这个意见是否有事实依据，是不是个人喜好，能否拆分成可执行、可落地的具体意见。

假设运营总监提出一个活动方案，但市场总监说这个活动方案有问题，却说不出调整建议。在这种情况下，参会者可以通过逐步缩小对话范围，找出可落地的执行意见。

比如接着问市场总监："你说的问题具体是指活动内容、活动主题，还是方向上的问题？"如果对方说是活动内容，就不用再管其他方面，集中在活动内容这部分继续往下问，直到行动的执行意见逐渐生成。

麦肯锡对于记工作笔记的解释很到位：记工作笔记绝对不是一种机械的、盲目的重复劳动，而是一个思考的过程，不是为了记而记。特别是在会议和工作中，记笔记的目的是帮助判断，进而得出结论。

（3）结束前形成待办事项

当会议快要结束时，记录者需要再一次确认会议结论。因为有些部门负责人，有时会忘记自己在会议中的发言。所以在会议结束前，记录者要快速地回顾本次会议笔记，查看需要确认的事项是否都有了明确的、可执行的答案，可以尝试下面这些话术：

我想耽误各位一分钟，刚刚讨论的结果大家都再确认一下：第一点是……；第二点是……；第三点是……。如果没有问题，我们就照此执行。

这不仅可以帮助大家再次厘清思路，更重要的是向大家再次强调已确认的事项，以及将如何执行。

5. 工作笔记的补充：记录灵感

在工作中，很多时候是需要创意的，而创意可以来自灵感笔记。我们可以把随手记录下来的灵感收集起来，建立了一个属于自己的灵感笔记库。很多能够想出绝妙创意的员工，都有建立创意笔记库的习惯。

记录灵感，就是当我们的脑中出现灵感时，将相关信息、主题或关键词记录下来，将灵感转化成文字，避免被遗忘。

我们的灵感有时会发生在一些很微妙的场合，如洗澡、上卫生间的时候，因为人在特别放松的时候，更容易出现灵感。如果不能将灵感及时记录下来，很容易洗完澡就忘了，再也回忆不起来了。那个灵感仿佛掉进了思绪的大海里，再也找不到了。

随着时代的进步，记录灵感的方式也越来越多。我们可以借助手机 App 记录灵感笔记，也可以将印象深刻甚至激发灵感的事物拍摄下来，整理成图文笔记。

商业笔记：内容达人的编辑攻略

商业笔记是记录和思考商业世界的一种高效能方式。做商业笔记是每一个商业编辑都必须具备的内容能力，它比读书笔记、课程笔记更具有挑战性。比如李翔通过访谈"链家"创始人左晖、"Boss直聘"创始人赵鹏、"新荣记"创始人张勇、红杉资本全球执行合伙人沈南鹏、"小罐茶"创始人杜国楹等，创作了《翔谈》系列的商业笔记。

1. 商业笔记的三个心法

一篇好的商业笔记也应该遵循"道法术"结构：一个道理—多个方法论—多个具体案例。因此，在笔记开始时就要提出核心主张来吸引用户的关注，但抛出的核心主张不宜太直接，可以制造一个冲突。我们一起来看看下面这个案例，它的中心思想是对年轻人要实行扁平化管理。

> 拟一个背景：一个"70后"管理者，总觉得"90后"很难管理；"90后"也认为"70后"的管理方式落后，自己没有被尊重。

这种制造冲突的方式，容易引起读者的思考。

围绕如何解决冲突展开讨论：应该采用扁平化管理，重视"90后"，为"90后"赋能，驱动他们，而不是去掌控他们。这就是核心主张。

阐述具体的赋能方法和驱动方式。比如要先了解他们的追求、意愿以及这些意愿与工作之间的结合程度。

除此之外，商业笔记还要符合"信、达、雅"三个心法，才能成为一篇超越时间的商业笔记。

（1）信：公正、客观、中立的态度

做到"信"有三个原则。

第一，不要表达不清，不要模棱两可，不能随意糊弄。

第二，涉及的相关引用，一定要标记好出处与来源。

第三，使用的相关数据和事实，一定要实事求是，不能弄虚作假。

（2）达：以用户为本，打造舒服的阅读体验

做商业笔记时，始终要保持一个想法：让读者有舒服的阅读体验。谁都不想读一篇主题发散、逻辑混乱、结构模糊、语句不通顺、表达不准确、满篇错别字的文章。

做到"达"，要注意以下五点。

第一，主题聚焦：有明确的文章主题。

想要做到主题聚焦，首先要删除废话。废话就是与主题毫无关系、没有任何价值的语句。就算这句废话的文笔十分优美，但是对传递主题思想没有任何帮助，仍然要删掉。每个读者的时间都是宝贵的，不要让

读者失去耐心，忽略了真正有价值的部分。

第二，逻辑连贯：表达有条理，层层递进。

下面两种表述，你觉得哪种更有逻辑呢？

第一种表述：管理是以人为本的，一是提拔人要如何做，二是育人要怎么做，三是用人要如何做，四是识人选人要如何做。

第二种表述：管理是以人为本的，一是识人选人要怎么做，二是用人要怎么做，三是育人要怎么做，四是提拔人要怎么做。

答案很明显，第二种表述更有逻辑。选人—用人—育人—提拔人，这些要点是层层递进的逻辑关系。

第三，结构合理：谋篇布局，突出主题，反映中心思想。

在创作一篇商业笔记前，先确定好文章有几个部分，再为每一个部分取好相应的标题，能让读者快速知道每个部分在阐述什么。结构是和逻辑相关的，标题如何取、段落在哪里结束、在哪里断行、在哪里用什么标点，无论宏观还是细节，都是对结构的把握。

如何取好商业笔记的小标题呢？

抓：关键是要明确这一部分的小主题，只要抓住了小主题，不愁没有小标题。

提：搭建文章框架时，直接把核心论点整理成小标题，其中的关键工作是提炼精华语句和关键词。

括：小标题一定要简洁有力，直击要害。所以，要不断调整小标题，长短适中，最好不要超过14个字。小标题之间要有逻辑，句式统一，并且服务于主题，不能第一个小标题是动宾结构，第二个小标题就变成了简单的名词。

问：先以提问的方式抛出论点，然后详细展开论述。

结构化的文章条理清晰，详略得当，读者更愿意进行了解和深度阅读。逻辑连贯、结构清晰，统称为搭建框架，强逻辑、结构化的文章有助于提高阅读的"爽感"。好的框架结构，一定可以承担起支撑全文的重任，读者看了框架，就知道这篇文章重点是什么，分为几个部分来讲，每个部分的要点是什么。就像一本书，一定会有一个清晰的目录。因此，搭建完结构后可以把框架单独检查一下，看看是不是一个完整的、体系化的框架。

第四，语句通畅：避免语病和标点符号错用。

标点符号要规范。有时标点符号用错了，会让读者产生不好的阅读体验。切忌因为一些小的错误，让读者失去信任。

句子不能冗长，导致看一遍看不懂。很大一部分读者都是利用碎片化时间看文章的，消化不了太过复杂的语句；明显重复、累赘无用、没有断句、需要逐字读才能读懂的句子，需要进行修改。

不能过于口语化，避免错字、用词不当。

第五，表达准确：意思要传达清楚。

可以从以下几个方面思考：某些案例是否需要扩充？某些现象是否需要加以说明？专业名词是否解释清楚了？这些都是增加信息量的过程，是作为一名内容编辑需要站在用户角度潜心研究的一个过程。

这五个环节，实际上一环影响一环。不管哪一步做得不到位，都无法给用户带来舒服的阅读体验。

主题不聚焦，则逻辑不连贯；

逻辑不连贯，则结构不合理；

结构不合理，则语句不顺畅；

语句不顺畅，则表达不准确。

（3）雅：传播有价值的内容

编辑文章时，改完一定要再从头到尾重新读一遍，可以从四个维度检查文章内容是否达到"雅"的标准。

第一，言辞得体：不出现不该出现的语句。

商业笔记的内容，不能凭空捏造，不要说一些轻浮的、无意义的语言，更不要说粗俗的语言，言辞表达要合适。

第二，简练有力：每次通读，都重新润色一遍文章。

允许存在一些必要的感叹词、代词，但是无用的语句一定要删掉，去芜存菁。

第三，摒除怪力乱神：绝不出现负面传播。

不管是热烈的赞美，还是强烈的诋毁，本质上都没有遵循态度中立的原则。具体来说，"怪"就是离奇、诡异的事件，"力"就是暴力血腥等话题，"乱"就是敏感反动等言行，"神"是迷信邪教、蛊惑人心、故意欺骗等语言。这里泛指一切负面的内容，一律不可以出现，更不可以传播。

第四，力争完美：语言优美。

做好上面所有的步骤后，如果还能让文章语言更优美一点，就更好了。

2. 商业笔记的"五步法"流程

学习了三个心法后，我们来具体学习一下该如何撰写商业笔记。对此，我总结了"五步法"。

（1）找选题

选题来源包括用户痛点、追热点、讲知识点和借鉴爆款。

①用户痛点

我们应该具有用户思维，回到用户的真实生活、工作、思考的场景中，询问自己：用户可能遇到什么困难，我能够提供什么帮助？

②追热点

热点是重要的流量来源，当捕捉到一个热点后，我们可以抓住热点背后的本质，然后用"信、达、雅"三个心法展开创作。比如，国家颁布实施了一项新法规，我们可以去采访即将受到影响的人群和行业，听听他们的看法。

热点是一个势能，每个热点背后都是有原因的，一定能不同程度地反映社会问题和人们的态度。能否洞察并且提炼，是利用好热点的关键。

③知识点

根据自身需求，寻找商业人物的成功之处、经验之谈、管理之道等，这些内容都可以成文。

"笔记侠"的资深编辑就做过分类总结。比如，"笔记侠"的商业笔记是干货逻辑式，选题要确定想表达的中心思想，全文贯穿这个思想的逻辑论述，每个论述下再讲故事和案例，最后点题升华；"华商韬略"的商业笔记是人物故事式，选题立意清晰，以情节贯穿，夹叙夹议，最后点题升华；"晚点财经"的商业笔记是新闻处理逻辑，采访知名企业或企业家，然后增加信息量，从中找到一个刷新认知的点扩大来写，输出自己的观点。还有一种商业笔记是时间轴式，按时间顺序讲故事，中间用标题前后呼应，最后点题升华。

④借鉴爆款

关注同行，借鉴爆款选题。大热的刷屏选题可以反复使用。需要特别注意的是，世界上没有完全抽象的选题，所有的选题都会有一个落脚点。我们要将抽象的问题用案例呈现，放在案例中讨论，用已知的东西解决未知的东西，学会架一个桥梁。

什么样的选题是好的选题？某个行业中的资深从业者，比如投资人，他们私下讨论的问题就是好选题。私下讨论，说明大家在关心，但还没有进入大众视野，这种选题有很大的概率会成为爆款。

如果很多时候没有精力找选题，就要懂得利用碎片时间阅读各种文章，平时可以多多留意。如果心里种下找选题的种子，那么即使平时放松的一些阅读行为，也是自己的选题路径。

（2）搭框架

一篇好的商业笔记，要先有一个好的假设，然后在采访和写稿的过程中加以论证。你必须先输入足够多的内容，再开始搭建框架，可以按照"道法术"的结构来搭建，以"道理＋方法论＋案例"的结构与顺序进行创作，效率会更高。

①开头

导语的方式有很多种：表明观点，亮出态度；与你有关，对你有用；描述痛点，戳中用户；提出疑问，激发好奇；引发共鸣，增加认同；金句名言；数据铺陈；事物对比；场景营造；人物情节；欲扬先抑；设置悬念；高度概括；细节堆砌；等等。

这里给大家举几个具体的例子。

事物对比。美联社的一篇稿子的导语写道："就是在里根总统对全国说出'美国正在走向经济复苏'这句话的前几个小时，他的儿子却在这里同失业者一道领取救济金。"

高度概括。一个时代过去了。

开头的关键两个要素分别是：问题——发生了什么事情、新闻？有什么痛点、需求？什么——这是一个怎样的人、事、观点、方法、概念？

②中段内容

中段内容有九个关键要素。

第一，为什么——为什么会发生这件事？为什么要讲这件事？为什么会提出这样的观点？

第二，怎么做——如何做一件事？如何使用一个概念？如何给出一个问题的解决方案？可以用哪些概念、道理、观点、事例去解释它？是进行正面论证，还是进行反面论证？

第三，分解——把一个整体拆分成很多部分。

第四，并列——当你论证一个观点时，可以找出同一个层级，但不同维度的案例进行并列论证。

第五，递进——时间的递进、空间的递进、程度的递进等。

第六，关联——这件事和其他哪些事有联系？这个人和其他哪些人有联系？这个概念和其他哪些概念有联系？

第七，过程——这件事是如何发展的？

第八，转折——这件事在发展过程中出现了哪些意料之外的变化？

第九，对比——人的对比、事的对比、观点的对比、时间的对比等。

中段的内容可以是递进关系，也可以是并列关系，然后通过案例论证观点。

例如，"笔记侠"公众号上发表的《梁宁解读"东方甄选"：爆火的背后，是活下去的渴望》一文中，梁宁对"东方甄选"时间线的整理，将发展历程可视化，其中的数字也呈鲜明对比（见图3-3）。

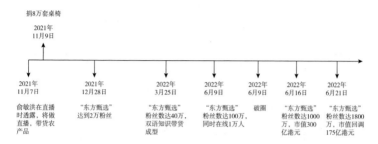

图 3-3　"东方甄选"发展历程时间线

③结尾

结尾可以提炼核心观点、总结全文，或者使用金句，引发读者共鸣。

结尾内容有三个关键要素。

第一，结果——这件事的结局是怎样的？

第二，反思——从一件事、一个人、一个新观点中反观自己，你明白了什么？

第三，意义——这件事的发生带来了哪些价值？去做这件事有什么价值？学会并正确使用这个概念、观点、方法会产生什么价值？

（3）善采访

自己设计的采访提纲，要能够自问自答，提前做好功课。采访提纲只是一个形式，采访方向才是根本。

与专家对话时，对方可能会聊得很宽泛，所以采访提纲要有具体架构。我们可以把提纲分为三部分，第一部分可以问现象（what），也就是"术"；第二部分聊现象背后的原因和本质（why），也就是"道"；第三部分是聊怎么做（how），也就是"法"。这样的采访提纲可以让老师在把控之内进行发挥。

想把一篇商业笔记做出广度和深度，不仅取决于被采访者有没有广度和深度，还取决于采访者有没有广度和深度。**怎么提高采访能力呢？**

①约访

采访被拒绝，这对记者来说是常态。媒体从业者的心态不能脆弱，放平心态是前提。约采访要穷尽方法去触达想要采访的对象，获取想要的信息和足够的信息量。

②提纲

有经验的记者通常会准备两套提纲。第一套提纲准备十多个问题，确定采访的内容方向和采访风格；第二套提纲准备30—50个问题，在现场去自由选择、充分发挥，以便把真正想了解的问题聊透。

③追问

很多人不会追问，是因为前期信息掌握不全，只能问一些常规的问题。所有追问都需要围绕中心，围绕重点。否则，按照商业笔记的要求，就是没有侧重点、细节不够。

④采访要从外围到核心

如果直接采访核心对象，经验不足的记者经常会发怵甚至犯错。预采访是一个好办法。在采访大人物之前，我们可以先去发掘采访对象背后的关系网和朋友圈。

比如在企业的关系链上，可以采访股东、员工、合作伙伴、供应商、竞争对手、用户或客户；在专家的关系链上，可以采访师生、同行、企业界的朋友等。

⑤切忌假装

记者最忌讳不懂装懂。记者天然的权利就是问问题。

（4）积素材

建立"金句库""案例库""表达库"，平常储存一些东西进去，当没有思路和灵感的时候，就可以打开看一下。

①平时积累

个人体验：个人经历与他人经历。写作内容跳不出个人的思考，也包括看过的书、做过的事、遇到的人。所以，我们可以从自己的经历与思考中挖掘素材。

及时收藏：好素材不是搜出来的，而是攒出来的。

随时记录：记录碎片化思考与灵光乍现的内容。

②善用搜索工具

撰文时需要为搜索素材留下充裕的时间。微信、微博、行业网站、百度、知乎、图书都是常用的搜索渠道。我们可以通过对内容关键词的检索，找到贴合论点的素材。

③有耐心、能坚持、日积月累

不要等用材料的时候，才后悔平时没有积累足够的素材，不知从何下手。

（5）速成稿

先追求完成，再追求完美；先完成，再修改。写作是一个先做加法，再做减法的过程。对于概念或观点，需要讲清楚；重点信息，要详细；多运用数字与具体案例，增加论据数量。最后要注意的是截止日期，在交稿前可以不断修改，但一定要按时完成。做完一篇商业笔记后，自己要从头到尾再读一遍，检查框架、逻辑是否合理，语句是否通顺。

一篇商业笔记做得用不用心，读者是可以感受到的。用心主要体现在主题是否聚焦，开头的主题句有没有把握到位，小标题是否存在逻辑关系，并列还是递进，稿件语句是否通顺，标点符号使用是否符合规范，错别字有没有改正，等等。

商业笔记可以有效帮助其他人了解讲述者的想法和观点，也可以成为思考和创新的工具，发现新的商业机会和解决方案。

复盘笔记：职场达人的超级"藏宝阁"

"复盘"最初是一个围棋术语，又称"复局"，是指在下完一盘棋之后复演一遍，看看哪里下得好，哪里下得不好，哪些地方有不同甚至有更好的下法，从而分析成败的原因。

运用到个人的知识管理中，复盘是指行动后的反思和回顾，从过去的成功中总结经验，从过去的失败中吸取教训，避免经验的浪费，以改进未来的表现，建立新的知识体系和思维方式。

复盘不仅对个人影响很大，在公司的业务上也发挥着重要作用。通过复盘，团队能够建立共同认知，避开过去踩过的"坑"，将成功的经验固化为流程，从而提高工作效率，所以这是全方位组织能力的提升。

1. 复盘的本质

复盘的本质是从碎片信息结构化到隐性知识显性化，再到显性知识标准化，再到标准知识系统化，最后到个人知识组织化的过程。

（1）碎片信息结构化

信息都是碎片化的，我们通过复盘可以把碎片化的信息整理成有结构的体系。这个结构应该是立体的，有框架结构的。

最基础的框架结构就是图书的目录。通过目录，我们能清楚地知道这本书包含多少章，每一章节中又包含多少个小节。每个人对信息整理都有自己的逻辑，所以同样的内容可能会整理出不同的框架结构。

信息复盘后，按照某种逻辑把这些信息重组成一个层级框架，这样便于我们联想到相关的知识和产生很多全新的想法。

（2）隐性知识显性化

显性知识是我们常见到的书面文字、图表等能够呈现出来的知识，而隐性知识是指没有被表述出来的、保存在大脑中的知识技能和经验，如个人的体感、体验、认知等。隐性知识往往难以传达出来，但是一旦得到挖掘和共享，就能有效提升个人或者所在组织的整体发展能力。

比如，铁铺里的学徒可以不和师父交流，在旁边认真看着师父的操作流程，就能学到很多东西。这是因为打铁匠将打铁的隐性经验通过实际操作外显了，即隐性知识显性化。所以，我们要把个人的隐性知识显性化地表达出来，不能让它只停留在脑海里。

企业更是需要培养复盘文化。很多时候，尽管企业家能够改变固化思维，深刻反思，但是如果组织内部不能达成共识，上下同步，组织变革依然无法向前推进。所以，企业要想变革和进步，就必须培养复盘文化，用体系化的工具方法推动进步。

2. 复盘的具体流程

复盘主要有三大方向：复盘事情、复盘人物和复盘组织。复盘事情包括了方法、技术、工具；复盘人物包含了标杆、态度、行为；复盘组织就是复盘架构、机制、流程。

复盘要先有个大循环 PISA。P 是 prepare，代表准备阶段；I 是 implement，代表实施阶段；S 是 summarize，代表总结沉淀；A 是 action，代表行动改进。在实施阶段，又有一个小循环：回顾评估—分析反思—萃取提炼—转化应用。

最后，复盘必然会促进行动改进，如果没有行动改进，这个复盘就是彻头彻尾的失败。行动上的复盘内容可以大致拆分为：开始做什么事，停止做什么事，继续做什么事。

（1）准备阶段

一个成功的复盘会议，有一半的功劳在会前准备。复盘会议开始之前，要注意以下四个要素。

干系人

干系人主要分为重点干系人、主持人和参会人。主持人应该保持态度中立，能够有效提问和把控会议进程，能够营造开诚布公的氛围。参会人员也不是越多越好，人员过多反而会影响会议的效果。

复盘最忌讳的是大家已经坐在会议室等待会议开始了，还有人在询问今天复盘的内容是什么，对会议讨论内容毫无准备。因此，一定要有人提前汇总复盘会议所需的各种资料，并提前提供给参会人。如果周五要复盘，那么最好周一就要发布会议通知，周二要提醒一遍，周三要引导大家做会议准备，然后在复盘会议的当天把想法说出来讨论。

让每个参会人提前思考，带着想法来到复盘会，可以引导他们提前思考四类问题：在这个项目和任务事件里，预期会发生什么？实际发生了什么？为什么是这样的结果？下次应该怎么做？

在会议过程中，能否有效引导是复盘成败的关键。良好的引导就像"催化剂"，能极大地提高复盘的质量。因此，主持人，也就是引导者或组织者，要保持态度中立，让问题与对话有深度、有次序、高质量地推进，去深挖问题的本质，引发大家的深度思考。

如果是轻量级复盘，可以两个人面对面进行，大概 20 分钟就能完成。

时机

时机就是选择合适的时间进行复盘。通常，一个项目在启动两周后，就应该准备复盘了。

事实

事实的准备包括三个方面的内容：第一，数据、案例，甚至是客户的直接反馈，这些是最真实、最有力的资料；第二，协同方的声音，这是从外部视角引入建议的最好方式；第三，竞争对手的信息，做到向外部看，不故步自封。

环境

环境的营造很重要，要为复盘创造一个安全的环境氛围。如果预算充足，可以找一个山清水秀的地方或者安静的场地，认认真真地做一次复盘。

（2）实施阶段

在实施阶段，有一个复盘的小循环，要从回顾评估该项目开始，然后进入对该项目的分析反思，进而对项目的知识进行萃取提炼，最后写出转化应用的方式（见图 3–4）。

回顾目标：目的与阶段性目标		
最初目的 （original intent）		
最初目标 （milestones）		
现状 （present situation）		
差距 （difference）		
分析原因：成败原因		
成功原因 （success factor）		
失败原因 （failure factor）		
总结经验：规律、心得与行动计划		
规律、心得 （key learnings）		
行动计划 （action plan）	开始做 （start doing）	
	继续做 （continue doing）	
	停止做 （stop doing）	

图 3-4　复盘的小循环（实施阶段）

回顾评估

回顾评估就是通过高质量的提问和对话，深挖具有价值的策略、客户等。

在复盘会中，如果大家无话可说，主持人作为引导师，要做一个深度发问者，引导对话一层一层往下推进。深度的发问者是不能参与讨论的，否则将成为答案或方案的提供者。所以在这种情况下，如果是团队领导者主持复盘会议，就要把自己定位成引导者，而不是参与者，可以一开始就宣布，"今天我是主持人，我来引导大家，我就不参与问题的讨论了。"

但是在一些特殊情况下，主持人需要有所行动。比如：讨论关键问题时，两个下属对一个问题争论不休，开始出现情绪化；讨论进入了非常细节的内容；讨论内容与主题无关；有人严重破坏了交谈的纪律；等等。

主持人提问也存在一定的技巧。主持人是引导者，不是主导者；不要轻易下结论；要层层深挖，从表面到本质；运用"追问＋答案的推演"这一技巧。这里有一些主持人提问时可以参考问题：当初行动的目的是什么？行动的初衷是什么？想要达成的目标是什么？设想的关键结果是什么？采取的策略是什么？实际结果怎么样？这些结果是如何发生的？在什么情况下发生了这样的结果？和计划相比，哪些做得好？哪些地方未达到期望？

回顾与评估有两种方式。

第一种，过程还原：回顾过程—找出原因—探究规律—共创共识。如果团队成员彼此不熟悉，就先还原过程，像放电影一样把每个环节回顾一遍，这需要在会前做好完善的准备。过程还原很容易陷入流水账，它和与会人员的发言能力密切相关，如果事先没有做好充分的准备，就很有可能絮絮叨叨，抓不住重点。

第二种，结果导向：回顾目标—评估结果—分析原因—总结经验。这个方法很简单，团队直接拿出结果，回顾目标，评估结果。但是有些人容易从评估结果直接跳到经验教训，省略了分析原因的环节。这种情况可能说明他已经经过了深度思考，主持人要引导他把分析过程在会议中呈现出来。

分析反思

对问题的分析反思，不要只盯着失败和不足，还需要关注成功和亮点。即使是一个完全失败的项目，也可以找出相对成功的地方。

分析反思时可以问以下这些问题：对于亮点，主观原因有哪些？客观原因有哪些？其中，真正起作用的关键成功因素是什么？对于不足，主观原因有哪些？客观原因有哪些？其中，最根本的原因是什么？

萃取提炼

总结经验时，人们往往很容易犯一种错误——过快得出结论。解决这个问题的必杀技叫"所有的结论都经得起三次以上的追问"。如果有人面对问题快速抛出了结论，就可以针对有可能遇到的场景，追问后续需要面对的各种问题。比如：从这个事件和行动中可以学到什么？有哪些可以沉淀或推广的做法？有哪些做法有待改进？有哪些事情可以不做？

转化应用

没有行动清单和没有责任分工的复盘，必然是一个失败的复盘。所以，复盘会议后要形成复盘笔记，把复盘过程变成可复制的经验和案例，形成文档，起到知识共享的作用。

转化应用时可以问以下问题：如果有人要进行同样的行动，会给他什么建议？接下来要做什么？哪些事情可以直接行动，行动计划是什么？负责人是谁？下一次复盘是什么时候？哪些事情需要向上汇报？哪些需要协同方支持？哪些事情需要其他层级处理？

（3）总结沉淀与行动改进

除了将复盘会议的过程记录成复盘笔记，总结沉淀与行动改进的过程也建议有完整的记录过程，甚至可以通过录音、录像的方式来记录。

其中，有两个方面需要注意。**第一，知识共享**。团队内部要将复盘笔记互相分享，只有将复盘的信息沉淀和共享做到位，才能促进行动的转化。**第二，行动计划**。这里的行动计划和小循环里的转化应用有点像，但这里的行动计划主要是在复盘结束后去真正操作和执行，而不是只出具一份行动计划（见图3-5）。

回顾目标：目的与阶段性目标		
最初目的 （original intent）		
最初目标 （milestones）		
现状 （present situation）		
差距 （difference）		
分析原因：成败原因		
成功原因 （success factor）		
失败原因 （failure factor）		
总结经验：规律、心得与行动计划		
规律、心得 （key learnings）		
行动计划 （action plan）	开始做 （start doing）	
	继续做 （continue doing）	
	停止做 （stop doing）	

图3-5　行动计划示意图

3. 复盘的工具

"**5Why分析法**"是一个很好用的复盘工具。5Why分析法来自丰田的工作实践。丰田的副总裁大野耐一发现车间里有几个机器经常停转，于是他对工人展开了五问。一问：为什么机器停了？答：因为电机超过了负荷，保险丝断了。二问：为什么会超负荷呢？答：因为轴承的润滑不够。三问：为什么润滑会不够？答：因为润滑泵吸不上来油。四问：为什么会吸不上来油？答：因为油泵轴磨损、松动了。五问：为什么磨损了呢？答：因为没有安装过滤器，混进了铁屑等杂质。

5Why 分析法，又称"5 问法"，就是对一个问题点连续追问 5 个"为什么"，以追究其根本原因。虽然是 5 个为什么，但是使用时不限定只做 5 次为什么的探讨，直到找到根本原因为止，有时只要几次，有时也许要十几次。

工作中，为什么同样的错误会犯了一次又一次？很大程度上是因为没有做好复盘笔记。5Why 分析法的关键在于鼓励解决问题的人，努力避开主观的假设和逻辑陷阱，从结果着手，沿着因果关系的链条顺藤摸瓜，直至找出问题的根本原因。

第四章

高效能 AI 笔记

AI 在内容生产中的应用

我们每天都在接收着各种各样的信息，每天的工作都是在和各种各样的信息打交道。很多人都是知识工作者，知识工作者就离不开内容生产。

内容生产涉及的领域非常广泛。例如，我们在日常工作中需要写文案、周报、大纲、邮件，还需要进行市场调研等。此外，由于现在直播和短视频非常流行，我们还需要撰写直播和短视频的脚本，并进行行业分析、写市场策划方案或开展新闻报道。这些都是我们经常面对的工作场景。

1. 营销文案

在工作中，许多人都会遇到需要写一些文案的情况。比如，有些人是制做咖啡豆的，有些人是做水果销售的，有些人是瑜伽老师，还有一些人负责社群运营……而这些工作都会涉及写文案。

让我们来看看如何利用人工智能（Artificial Intelligence，AI）辅助写出一个课程产品文案。我们需要设定一个身份，比如告诉 AI 工具，你现在是一名文案编辑，需要为某个产品写一段多少字的营销文案，需要以哪个方面为切入点（产品特色）。最后再细化要求，比如这个文案是针对某个特定的人群，需要注意语言风格，如在文案中增加表情等。我们一起看看 GPT① 给出的参考文案。

21 天"AI + 笔记"，告别高强度，欢迎高效率！

在 🧠 AI 时代，生活和工作的节奏越来越快💨，我们每天承载的信息量也越来越大🐻。所以，我们不仅需要具有高强度的工作表现，更需要拥有高效率的工作方式。如何才能摆脱工作中的不健康心态，并提升个人能力呢？答案是：用结构思考力🧠。

结构思考力是职场人士必须具备的能力之一，在如今 AI 时代更是至关重要。结构思考力将思维与行为结合起来，帮助人们更好地分析和解决棘手问题😖，规划并达成目标🐑。在 AI 时代，只有拥有结构思考力，才能快速抓住关键信息和精准需求，并创造有价值的数据与 AI 模型🚀。

为此，我们推出了 21 天"AI + 笔记"高效能工作实战营，通过 1 对 1 的学习方式带领大家从实际问题出发，掌握结构思考力和笔记技能，促进个人和团队的协同合作🤝，助力您提升工作表现和效果💪。

通过"AI + 笔记"高效能工作实战营，您将学习到以下内容：

- 如何使用结构思考力规划和管理您的工作时间；

......

---

① GPT 的全称是 Generative Pre-Trained Transformer，生成式预训练变换模型，是一种基于互联网的、可用数据来训练的、生成文本的深度学习模型。

AI 工具写出的文案是不是也还不错？我们稍做修改就可以使用了。我们可以把下指令的方式总结为模板，这样就能替换成其他的产品和场景来使用。

- **设定身份：我现在是一名文案编辑；**
- **说明背景：需要给 ×× 产品写一段 200 字的短营销文案；**
- **细化要求：以 ×× 方面为切入点；**
- **受众及风格：人群（如年轻职场人）、小红书风格。**

2. 短视频脚本

AI 工具在创作短视频脚本方面有着巨大的作用。AI 可以帮助我们根据视频素材和主题，自动生成符合场景的对白和剧情，大大提高了创作效率。此外，AI 工具还可以分析观众的口味和喜好，从而优化视频内容，提高观众的满意度。AI 工具创作的短视频脚本可以快速生成高质量、有创意的内容，为我们的创作带来了更多可能性。但是，AI 工具也有其局限性，需要我们在应用中进行精细地调整和优化，才能取得更好的效果。

（1）口播短视频

为了确保在使用 AI 工具时取得良好的效果，我们需要先确认其是否具备完成任务的专业能力。例如，如果我们让 GPT 去写短视频脚本，我们对于短视频的理解可能是不一致的，因此第一步，我们需要先确认我们对于相关知识点的理解是否一致。如果一致，第二步，我们就可以下指令，让其生成短视频脚本。第三步，我们可以在 AI 工具（比如剪映）输入脚本，它就可以快速地生成短视频。如果我们是口播的短视频就可以录制好，然后去剪辑。我们一起来看看 GPT 给出的参考脚本。

以下是一个关于 AI 行业趋势的脚本。

引子：你是否曾经想过，未来的世界将会是什么样子呢？一些人认为，人们将离开地球，生活在火星上。但是，如果我告诉你，未来的世界将会通过人工智能彻底地改变呢？

主体：AI 行业目前正处在快速发展的阶段，各种新技术层出不穷。实际上，人工智能技术的发展已经渗透到了各个行业，如医疗、教育、金融等。此外，以消费者为中心的 AI 技术也正在蓬勃发展，例如智能家居、智能手机、智能汽车等。可以说，AI 已经成为日常生活中不可或缺的一部分。

那么，未来 AI 行业的趋势是什么呢？首先，跨界融合将是一股趋势，不同行业之间的合作将逐渐深入，并导致新的 AI 行业领域的出现。其次，智能硬件终端将会更加多样化和个性化。人们会更加依赖智能助手来完成工作并提高生活质量。最后，人类和 AI 算法之间的互动将更加自然，与之相应的，AI 将更加"聪明"且"可信"。

结论：随着越来越多的行业开始加入 AI 技术，我们不得不意识到，拥抱 AI 的时代已经来临，不拥抱 AI 将意味着淘汰。对于企业和个人来说，如果不能跟上这个时代的步伐，可能会被落在后面，甚至面临被淘汰的风险。在 AI 技术快速发展的时代里，我们只有在技术上走在前列，才能有更好的未来。

（2）产品分镜脚本

我们也可能会遇到拍摄产品视频的问题，AI 工具也能帮我们做短视频的分镜脚本。比如，你可以对它说："我现在是一位非常有经验的短视频编导，需要为 A 品牌手机写一个 75 秒的视频拍摄脚本，要求包含场景、动作、台词、角色、情景、镜头、音效、节奏、格式等要素，请列出分镜。"

标题：A 品牌手机——无限可能

时长：75 秒

角色：

1. 旁白 A

2. 用户 B

3. 用户 C

4. 用户 D

背景音乐：轻快的电子音乐

分镜脚本：

1.（00：00—00：03）开场画面

镜头：公司标识及产品名称出现在白色背景上

动作：文字由小变大，同时有光线从四周汇聚于中心

音效：开场音乐伴随文字出现

2.（00：03—00：08）场景一：室外

镜头：A 站在城市街道上，手持 A 品牌手机

3.（00：08—00：20）场景二：室内写字楼

镜头：B 在办公室里用 A 品牌手机与同事进行视频会议

动作：B 在使用手机时，镜头展示手机屏幕及画质

台词：A："无论何时何地，高清视频会议让工作更高效！"

音效：轻微键盘点击声

4.（00：20—00：35）场景三：家庭生活

镜头：C 在家中与家人一起看电影

动作：C将A品牌手机连接到家庭影院，镜头展示画面无缝投射

台词：A："大屏幕娱乐，A品牌手机带给你家庭影院般的体验！"

音效：电影播放的音效

5.（00：35—00：50）场景四：旅行

镜头：D在户外拍摄风景

动作：D使用A品牌手机拍照，镜头展示拍照过程及照片质量

台词：A："旅行中捕捉美好瞬间，A品牌手机让摄影更精彩！"

音效：拍照快门声

6.（00：50—01：00）场景五：运动

镜头：B、C和D在公园里一起健身

动作：三人分别用A品牌手机记录运动数据，镜头展示运动过程

台词：A："保持健康，A品牌手机助你实现运动目标！"

音效：轻快的运动音乐

7.（01：00—01：10）结束画面

镜头：产品特点概述，A品牌手机旋转展示

台词：A："无论何时何地，A品牌手机都会创造无限可能！"

3. 辅助写作

（1）写作大纲

比如，我们向AI描述：我现在是一名商业的内容编辑，想写一篇关于字节跳动创始人张一鸣的文章，请完成一份写作大纲，大纲要结合他的创业、人物特质展开，有四个主题，每个主题下又要列出小标题。如果我们觉得其中的哪个主题写得比较好，就可以针对这一点，用AI工具根据张一鸣的领导风格和管理理念继续细化。或者，我们觉得这个

主题写得不太好，可以让 AI 工具继续优化。

我们很难一次就提出一个非常好的问题，一次就得到我们想要的答案，但是我们可以不停地去提问，去纠正它，直到得到一个我们想要的答案。

（2）挖掘选题思路

在写文章时，有时会遇到选题不明确或者没有具体写作思路的情况。此时，我们可以借助 AI 工具，通过对话的形式逐步挖掘选题和思路。比如，我们可以用以下提示语与 GPT 进行对话："我是一名商业编辑，想写一篇关于某个选题的文章，但是没有思路。现在请你作为我的导师，通过向我提问来挖掘我的选题思路。问题的总数应大于 5 个但不超过 10 个，每次你只能问我一个问题，回答后你再继续提问下一个问题。"这样，我们就可以通过和 GPT 对话帮助我们找到选题和写作思路。

即使我们每次问 AI 工具相同的问题，得到的答案也都是不同的。我们先人一步使用 AI 工具，一定会领先于那些不会使用 AI 工具的人。所以，我们不用担心被取代。我们用 AI 工具帮我们提高工作效率，让工作做得更轻松，从而有更多的时间去做更重要的事。

第二节

AI 在高效办公中的应用

AI 在高效办公中的应用领域非常广泛，每个人遇到的应用场景都可能不尽相同。为了更好地拓展我们的办公场景，我们可以探讨几种常见的思维发散方法，并将其联系到实际场景中进行应用。这样可以帮助我们更好地拓展自己的思维，使其更加适配我们的实际工作需求。

1. 撰写策划案

AI 工具在写策划案方面的作用也非常大。首先，它可以通过对大量策划案的分析和学习，为策划人员提供更加丰富的灵感和创意，帮助他们更好地理解市场趋势和用户需求。其次，AI 工具可以通过对数据的分析和处理，为策划人员提供更加准确的市场分析和预测，为制定策略提供更加可靠的依据。此外，AI 工具还可以通过智能化的文字处理和排版技术，帮助策划人员更加高效地完成文案撰写和排版，提高工作效率和质量。总之，AI 工具将会成为未来策划行业的重要工具。

举个例子，我们可以这样对 AI 工具说："我是一名资深的市场活动策划专家，现在想做一场关于'4·23'世界读书日的直播活动，主要目标是分享干货和销售图书。计划会邀请××老师连麦，每个老师都有已经出版的著作，直播时间是××，主播是××，请帮我完成直播的具体策划方案，要包含活动目的、流程和互动脚本。"以 GPT 和讯飞星火为例，我们看看分别会收到什么样的回答。

GPT 给出的策划方案：

活动策划方案："4·23"世界读书日直播活动

活动目的：

1. 庆祝并宣传"4·23"世界读书日，推广阅读文化。

2. 分享各领域知识，提供高质量的干货内容。

3. 通过直播互动，宣传并销售嘉宾的图书。

活动流程：

1. 开场（8：00—8：10）：主播小师妹介绍活动背景、目的和流程，并宣传一下今晚会分享的图书。

2. 连麦环节（8：10—10：10）：分为 5 个时间段，每个嘉宾 20 分钟，分别由 5 位不同商业领域的老师分享他们的专业知识和书籍内容，时间分配为：分享 15 分钟，提问互动 5 分钟。

3. 图书介绍和销售（10：10—10：30）：主播小师妹对每本书进行详细介绍，包括内容简介、作者背景等，并鼓励观众购买。

4. 观众互动环节（10：30—10：50）：提问环节，观众可以提问，主播小师妹挑选问题请老师们回答。

5. 闭幕（10：50—11：00）：主播小师妹总结活动，感谢观众的参与，再次提醒观众购买书籍，并预告下次的直播活动。

互动脚本：

1. 开场："大家好，我是你们的主播小师妹，今天我们聚在一起，庆祝世界读书日。我们邀请到了五位非常优秀的老师，他们不仅有丰富的专业知识，还都是优秀的作者，今晚我们也有机会一同学习和购买他们的书。"

2. 连麦环节："欢迎我们的第一位嘉宾，他是一位在××领域的专家，也是《××》一书的作者，欢迎他来分享关于××的知识。"

3. 图书推销："这本《××》是我们嘉宾的著作，他在书中分享了很多宝贵的经验和见解，我非常推荐大家购买这本书，这对我们来说是非常有价值的学习资源。"

4. 互动环节："现在我们来到了互动环节，大家可以在弹幕中留下你们的问题，我们会选一些问题请老师来回答。无论是对他们的书有疑问，或者对他们的专业领域有想要了解的，都可以提出来哦！"

5. 闭幕："今晚的活动就要接近尾声了，感谢大家的参与和支持。我们一起庆祝了世界读书日，从五位优秀的老师那里学到了许多知识。希望我们的活动能激励大家更多地去阅读，去学习新的知识。再次感谢大家的参与，我们下次直播见！"

注意事项：

1. 保持直播的流畅和节奏，尽量避免出现长时间的空白。

2. 在提问环节，主播要有选择性地提问，避免不相关或者恶意的问题。

3. 在推销图书时，真实地传达书籍的价值，避免夸大其词。

4. 鼓励观众在直播中互动，可以设立一些小奖励，如抽奖送书等，提高观众的参与度和活动的趣味性。

以上就是关于"4·23"世界读书日直播活动的策划方案，希望对你有所帮助!

讯飞星火给出的策划方案:

活动名称: "4·23" 世界读书日直播盛宴

目的:

1. 宣传和推广世界读书日,提高公众对阅读的重视程度。

2. 分享各领域的专业知识和干货,吸引观众关注。

3. 促进图书销售,为书店和作者创造商机。

流程:

1. 开场(8:00—8:30):欢迎观众,介绍本次直播的主题、嘉宾以及互动环节。

2. 主题分享(8:30—9:30):邀请 5 位商业领域的老师进行主题分享,每位老师讲解一个与他们的图书相关的主题。

3. 问答环节(9:30—10:00):观众可以在直播弹幕中提问,老师回答问题并分享相关经验。

4. 图书推荐(10:00—10:30):邀请每位老师推荐一本与他们分享的主题相关的好书。

5. 结束语(10:30—11:00):感谢观众的参与,宣布本次直播圆满结束。

主题分享环节:

老师 A:大家好,我是 A 老师,今天我要给大家分享的是关于时间管理的实用技巧。请大家关注我的书《高效时间管理法》。

老师 B:大家好,我是 B 老师,我将与大家探讨如何提升团队协作能力。请大家购买我的书《领导力之道》。

......

在我个人看来，以上的方案只要稍加改动和调整就可以使用，节省了我们的很多时间。我们在各种节日都需要做不同的活动，都需要策划活动方案，现在 AI 工具就可以大大提高我们的工作效率。

2. 写工作报告

对职场人而言，写周报、月报、项目汇报以及各种季度总结和年终总结是最常见的任务。我们可以通过下达指令来让 AI 工具为我们完成周报的撰写。我们只需明确表述我们的工作内容、本周所完成的工作以及工作中的成果与不足等信息，AI 工具就能为我们撰写一份逻辑清晰且结构完整的周报。

举个例子，我们可以这样对 AI 工具说："我目前从事社群操盘工作，工作职责是吸引用户参与为期 3 天的新手直播体验营，促进直播带货实战营的销售。本周，我成功吸引了 300 名用户报名参加体验营，每位用户支付了 9.9 元的费用。同时，我还成功转化了 10 位用户购买 3999 元的直播带货实战营。然而，我目前面临的困难是标准操作流程（Standard Operating Procedure，SOP）还不够清晰，且转化目标 15% 尚未达到。鉴于此，作为我的周报助手，请您帮我撰写一份逻辑清晰且结构合理的周报。"我们还是一起来看看两个 AI 工具给出的不同方案。

GPT 给出的周报：

时间：2023 年 5 月 1 日—2023 年 5 月 7 日

主题：新手直播体验营转化直播带货实战营活动执行及效果分析

1. 项目概述

本周我成功组织并推进了为期 3 天的新手直播体验营活动，旨在吸引潜在客户参与并最终转化为购买 3999 元的直播带货实战营课程。体验营的入场费用设定为 9.9 元，整个活动吸引了 300 人参与。

2. 活动结果

通过这个活动，我们成功吸引了 10 名学员购买 3999 元的直播带货实战营课程。虽然我们设定的转化目标是 15%，但当前的转化率约为 3.3%，未能达到预期的目标。

3. 问题与挑战

目前，体验营的 SOP 尚不清晰，这可能影响了我们的转化效果。我们需要对此进行深入的分析和优化，以提高转化率。

4. 下一步计划

持续改进直播内容，扩大宣传渠道，加强对主播的培训和指导，继续探索新的直播带货形式。

讯飞星火给出的周报：

尊敬的领导：

我是社群操盘手小师妹，本周通过 3 天的新手直播体验营成功转化了 3999 元的直播带货实战营，共有 300 人报名参加。目前已经成功转化了 10 单价格为 3999 元的课程。

在体验营的过程中，我们遇到了一些问题，比如 SOP 不够清晰、转化目标未达到等。为了解决这些问题，我将采取以下措施：

1. 完善 SOP：与团队成员共同制定更加完善的 SOP，确保后续活动的顺利进行。

2. 加强推广和宣传：通过多种渠道进行推广和宣传，提高转化率，吸引更多潜在客户参与活动。

3. 提高服务质量：在课程中注重学员的学习体验，提供优质的服务，以便更好地满足他们的需求，增加他们的满意度和忠诚度。

感谢您对我的支持和指导！

此致

敬礼

社群操盘手小师妹

3. 快速生成 PPT

在现代职场中，演示文稿（PowerPoint，PPT）的重要性不言而喻。不论你是企业高管，还是初入职场的新人，都需要经常制作并进行 PPT 演讲。PPT 不仅是传递信息、观点的工具，更是展示个人专业能力和思考深度的媒介。一份清晰、精炼的 PPT 能将复杂的想法简单化，让接收者容易理解，从而推动决策，解决问题，或者启发新的思考。

随着 AI 技术的不断发展，AI 工具已经成为我们处理烦琐 PPT 任务的得力助手。AI 工具可以帮助我们快速整理信息、优化内容结构和设计美观的视觉效果。有了 AI 工具的帮助，我们可以把更多的精力放在深入思考和战略分析上，让我们在职场上更加游刃有余，实现事半功倍的效果。

接下来，我们说说一份清晰、精炼的 PPT 是如何实现的？首先通过 GPT 生成 Markdown 代码格式的大纲，我们既可以根据主题让 GPT 直接生成大纲，也可以根据已有内容让 GPT 提炼出大纲。MindShow 和闪击 PPT 是国内比较好用的两款 PPT 生成工具，我们可以联合 GPT 和 MindShow 或闪击 PPT，制作出我们想要的 PPT。

举个例子，我们可以对 GPT 说："我是一个市场策划经理，请帮我生成一份人工智能大会的策划方案 PPT 大纲，主题是'AI 新视野，增长新势能'，时间在 2023 年 6 月 10 日，地点在杭州，总计一天的时间，切记输出形式为 Markdown 格式代码。"

然后，我们复制 Markdown 代码，导入 MindShow 或者闪击 PPT 生成 PPT，但是闪击 PPT 有自己的 Markdown 格式要求，我们可以把更详细的指令发送给 GPT。最后再调整风格和排版，直至我们满意。我们一起看看 GPT 给出的 PPT 代码。

这是一个关于"AI 新视野，增长新势能"主题的人工智能大会策划方案的 PPT 大纲。我会使用 Markdown 格式编写。这个大纲主要包括以下部分：

人工智能大会策划方案

封面

主题：AI 新视野，增长新势能

时间：2023 年 6 月 10 日

地点：杭州

欢迎词和大会介绍

大会的目的和期望结果

对参与者的感谢

主题演讲：AI 新视野，增长新势能

·AI 的发展和当前挑战

·如何通过 AI 驱动数字智能增长

·AI 的未来展望

AI 在高效学习中的应用

AI 在个人的高效学习中有很多应用。例如，AI 工具可以根据个人的学习进度、学习历史和学习习惯，制订个性化的学习计划，提高学习效率和成果。AI 工具还可以通过大数据分析和模拟实验，帮助个人更好地理解和掌握知识。此外，AI 工具还可以实现语音识别、语音合成和自然语言处理等技术，让个人更自然地与机器交互，提高学习效率和便利性。

1. 快速学习新领域知识

在我们迈向未来的道路上，AI 技术已成为推动知识发展的重要驱动力。尤其是在快速学习新领域知识的应用方面，AI 工具展现出了其无与伦比的潜力。它不仅能够处理大量信息，还可以从中提炼出有价值的知识，从而帮助我们实现科学有效的学习。

举个例子，如果我们现在想学习摄影知识，可以告诉 GPT："我是一个摄影入门者，我现在想学习用手机进行人像拍照，你作为我的摄影老师，请帮我制订一份 14 天的学习计划，包括学习内容及练习计划。我每天可以花费 30 分钟来练习。请用表格形式来展现。"我们来看看 GPT 给出的学习计划。

我会帮助你制订一个 14 天的学习计划来提高你的人像摄影技术。这个计划会分别介绍每天的学习主题和实践活动。以下是 14 天的学习计划。

天数	学习内容	实践活动
第 1 天	掌握你的设备	了解手机的所有相机功能和模式，特别是人像模式
第 2 天	了解构图法则	练习使用"三分法""黄金比例"和"对称"等构图技巧
第 3 天	理解光线的重要性	在不同的自然光线条件下尝试拍摄人像
第 4 天	学习使用人像模式	使用人像模式拍摄不同的照片并理解其影响
第 5 天	学习如何引导模特	请一位朋友帮忙，然后练习如何引导他摆出不同的姿势
第 6 天	学习拍摄不同的表情和情绪	尝试捕捉模特的不同表情和情绪
第 7 天	复习和练习	复习所学的知识，尝试将这些技巧结合起来拍摄照片
……	……	……

得到了这个回复之后，我们可以针对这些学习内容，再让它提供一些具体的学习资源。这样我们就可以根据这个计划，按部就班地学习了。

2. 翻译助手

AI 在翻译方面起着非常重要的作用，并且已经成为翻译领域的重要工具。随着机器学习和人工智能技术的发展，AI 工具能够快速准确地翻译各种语言，大大提高了翻译的效率和质量。此外，AI 工具还可以通过自然语言处理技术，对语言进行深入分析和处理，从而使翻译的结果更加自然、准确、连贯。当前，AI 在翻译领域的地位越来越重要，为各种跨语言交流提供了重要的支持和保障。但是，AI 翻译技术有待进一步发展，未来 AI 在翻译领域的作用和地位将不断扩大和深化。

如果我们想用 AI 翻译一段话，我们可以给它指令："我是一名专业的英语翻译，请帮我翻译一下这段内容，注意理解上下文的意思，我会分段落发给你。"

大家要注意，受到当前技术的限制，我们不要一次性发送太多的内容，否则就会显示"段落内容太长了，无法识别"。

3. 读书笔记

AI 技术还可以帮助人们写读书笔记。首先，它可以通过智能化的语音识别和文字处理技术，将我们听到或阅读的内容快速准确地转化为文字，大大提高了我们的效率。其次，AI 工具还可以通过自然语言处理技术，对笔记进行深入分析和处理，帮助我们更好地理解和总结书中内容，从而更好地掌握知识点。此外，AI 工具还可以通过智能化的分类和标注技术，将我们的笔记进行分类和整理，使其更加清晰易懂。总之，AI 技术在写读书笔记方面，可以帮助我们更加高效、准确、深入地总结和掌握书中知识，从而更好地学习和成长。

现在，我们通过向 GPT 提问，尝试做一篇读书笔记。第一问："你知道《高效能人士的七个习惯》这本书吗？"为什么要这么问呢，因为很多图书有重名的情况，我们可以通过添加图书的作者等更多信息，以提问的形式加以确认。第二问："我是一名读书博主，请帮我做一份这本书的读书笔记，按照图书的内容框架生成笔记，要至少有 4 级结构，逻辑清晰，请生成 Markdown 代码。"接下来，我们可以复制生成的代码到代码编辑器，打开并保存为 .md 格式的文件。最后，打开 Xmind（思维导图工具），导入刚才的文件，即可生成一份完整的思维导图。

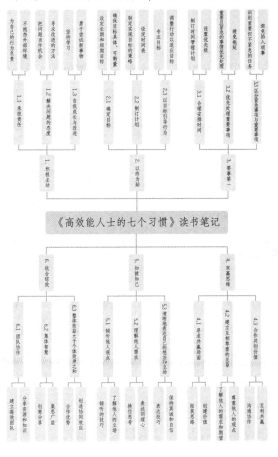

AI 在生活中的应用

AI 在个人娱乐生活中的应用非常广泛。例如，AI 可以根据个人的兴趣、偏好和历史记录，为个人推荐符合其喜好的电影、音乐和游戏等娱乐内容。AI 还可以实现智能家居、智能音箱和智能手表等设备的控制，提供更加智能化和便利的生活体验。此外，AI 还可以通过自然语言处理技术，实现智能聊天和语音交互，让个人更加轻松愉悦地享受娱乐生活。

1. 咨询顾问

AI 工具可以作为个人咨询顾问，帮助我们更好地管理和规划个人生活。例如，AI 工具可以提供智能化的健康监测和健身指导，根据我们的身体状况和偏好为我们定制健身计划，帮助我们更好地保持身体健康。AI 工具还可以为我们提供智能化的财务规划和投资建议，根据我们的财务状况和风险偏好为我们量身定制投资方案，帮助我们更好地管理个人财务。AI 工具还可以为我们提供智能化的心理咨询和情感支持，帮助我们更好地应对情感和心理问题。总之，AI 作为个人咨询顾问，可以帮助我们更好地管理和规划个人生活，提高我们的生活品质和幸福感。

比如，我们现在想减肥，如果找一个营养师，一小时的咨询服务就要产生一定的费用，每天监督饮食打卡都是收费的。但现在有了 AI，它出一份方案给我们，我们按照这个来做就可以了。

我们拿营养师来举例："你现在是一名营养师，擅长给亚健康人群提供饮食和运动的方案。我是你的客户，请你通过提问了解我的情况，情况要包含基础信息、饮食和运动情况。你要逐项进行提问，我回答完一个，你再提问另一个，问题不少于 10 个。提问结束后，请为我提供一个为期 15 天的运动饮食方案。明白的话请回复：咱们开始吧。"我们一起看看 GPT 给出的饮食运动计划吧。

提问者：你现在是营养健康师，擅长给亚健康人群提供饮食和运动方案。我是你的客户，请你通过提问了解我的情况，包含基础信息、饮食和运动情况。你要逐项进行提问，我回答完一个，你再提问另一个，问题不少于 10 个。提问结束后，请为我提供一份为期 15 天的运动饮食方案。明白的话请回复：咱们开始吧。

GPT：好的，咱们开始吧！请问你的年龄是多少？

提问者：25

……

GPT：好的，我现在已经了解了你的基础信息、饮食情况以及运动情况，接下来我会为你提供一份为期 15 天的饮食运动方案。在这份方案中，我将为你设计营养丰富、健康的饮食，同时结合有氧运动和力量训练，帮助你逐渐改善身体状况，达到减脂塑形的目的。

以下是你的饮食运动方案：

1. 每天吃早餐。早餐建议选择蛋白质、纤维和水果等营养丰富的食物，如鸡蛋、全麦面包、牛奶、酸奶、水果等。

2. 饮食建议适量控制碳水化合物的摄入量，尽量选择粗粮、蔬菜、水果、瘦肉等营养丰富的食物。尽量避免高糖、高脂的食物。

3. 三餐之间的时间间隔不宜过长，每餐饭量适中，尽量避免暴饮暴食。

4. 避免吃夜宵，尽量在晚餐后 2—3 小时内不再进食。

5. 每天保持足够的水分摄入，建议饮用白开水、茶水等低热量、低糖分的饮品。

6. 每周至少进行 3 次有氧运动，每次持续 30—60 分钟。

2. 休闲娱乐

在休闲娱乐领域，AI 已经成为我们的贴心助手，丰富我们的精神生活。通过深度学习和大数据分析，AI 可以为我们量身定制个性化的旅游计划，为我们筛选目的地、规划行程、推荐酒店和交通工具，让旅行变得更加轻松愉快。此外，AI 还可以根据我们的兴趣和阅读、观影历史为我们推荐合适的图书、电影和小说，让我们在琳琅满目的作品中轻松找到心仪之选。AI 的广泛应用使我们的休闲娱乐体验更加丰富多样，满足我们不断升级的精神需求。

（1）旅游计划

如果我们想和家人或朋友去某个城市旅游，但是对于当地的美食、旅游景点和文化不了解，这时我们通常会去短视频平台或旅游网站搜索旅游攻略。但是现在有了 GPT，它可以帮我们制订一份详细的旅行计划，包括当地的美食、旅游景点和文化等各个方面。这样我们就可以更轻松地定制旅游计划了。

举个例子，我们可以这样和 GPT 沟通："5 月 20—21 日，我准备去北京，住在北京学知园。我喜欢逛街、逛公园、泡温泉等轻松休闲类的项目，不喜欢爬山、电竞等项目。请帮我制订一份周末旅游计划，包含交通路线的规划（我喜欢坐地铁），游玩景点及项目推荐，以及美食推荐（我喜欢吃辣的），请标明饭店名字及地址。"下文是 GPT 制订的旅游计划，我们根据自己的喜好对这份计划进行调整即可。①

以下是我为你制订的周末北京旅游计划：

5 月 20 日（星期六）

上午：

• 早餐：在北京学知园附近的"妙麻婆豆腐"（北京市海淀区西三旗金四季购物中心）享用一顿川菜早餐，他们家的麻婆豆腐特别棒。

• 出行：乘坐地铁 13 号线在西二旗站换乘 4 号线，到新街口站下车。

• 游玩：逛新街口购物街，这是北京著名的购物街区，集合了许多时尚的购物和餐饮场所。

下午：

• 午餐：在"重庆袁老四火锅"（北京市西城区新街口外大街 18 号）享用一顿美味的重庆火锅。

• 游玩：在新街口购物街上继续逛街，可以去"华威 APM"等大

----

① 当前的 AI 工具所使用的大型语言模型仍存在一些问题，即它生成的内容可能包含虚构、虚假或不符合事实的文本。

型购物商场。

- 出行：乘坐地铁 4 号线在平安里站换乘 6 号线，到南锣鼓巷站下车。

晚上：

- 游玩：探访南锣鼓巷，这里是北京的历史文化街区，有很多有趣的小店和艺术馆。

- 晚餐：在南锣鼓巷附近的"辣尚瘾麻辣烫"（北京市东城区南锣鼓巷鼓楼东大街 188 号）享用美味的麻辣烫。

- 返回：乘坐地铁 8 号线在鼓楼大街站换乘 13 号线，回到学知园。

（2）推荐书单、电影、游戏等

AI 可以通过分析我们的兴趣、阅读或观影历史等信息，为我们推荐符合我们喜好的书单、电影和游戏。这种方式可以节省我们挑选的时间，同时也可能会带来一些新的发现。

比如，我们可以对 GPT 说："请帮我推荐两部可以放松的小说，我喜欢科幻主题的，请列出书名、出版社、内容简介及推荐理由。"我们一起看下 GPT 给出的推荐书单。

以下是我为您挑选的几部小说：

1.《银河帝国》（Isaac Asimov，人民文学出版社）：这是一部经典的科幻小说系列，由科幻大师 Isaac Asimov 创作。该系列共分为七部小说，描写了一个庞大的银河帝国及其衰落的历史，讲述了不同人物在银河历史中的角色和影响。这部小说以其丰富的想象力和清晰的叙事风格而闻名，是放松和享受科幻故事的绝佳选择。

2.《三体》（刘慈欣，重庆出版社）：这是一部获得多项国际科幻大奖的畅销小说，由刘慈欣创作。小说以"三体"为背景，描绘了人类文明与三体文明之间的交锋和战争，同时也探讨了人类文明的本质和人性的复杂性。该小说以其扣人心弦的情节和富有启示性的哲学思考而广受好评。

如果我们想看电影，也可以对它说："你是帮我推荐电影的 AI 助理。你负责从全球热门电影中推荐电影。我今天想看电影类型是像《流浪地球》那样的科幻电影。请推荐三部并以表格形式给我。"这些是GPT 推荐的电影。

由于我的知识截止日期是 2021 年 9 月，我无法提供最新的电影推荐。我可以为您提供一些早期的热门科幻电影推荐。以下是三部类似于《流浪地球》的科幻电影：

电影名称	上映年份	导演
《星际穿越》	2014 年	克里斯托弗·诺兰
《盗梦空间》	2010 年	克里斯托弗·诺兰
《银翼杀手2049》	2017 年	丹尼·维伦纽瓦

这些电影都是受到广泛赞誉的科幻电影，它们有引人入胜的故事情节和视觉效果。请注意，这些是过去几年的电影，可能已经上映一段时间了。如果您已经观看过这些电影，或者想要更新的推荐，请告诉我。

AI 在内容生产、高效工作、学习和生活等领域的应用，为我们的生活带来了前所未有的便捷和高效。在内容创作方面，AI 可以提高素材收集、处理和呈现的效率，让我们的作品更具吸引力；在工作学习上，AI 帮助我们快速掌握新知识、提高解决问题的能力，成为我们的得力助手；在休闲娱乐方面，AI 让我们的体验更加个性化和丰富多彩，满足我们不断升级的精神需求。展望未来，我们期待 AI 技术不断发展，为我们的生活带来更多惊喜和创新，助力我们更好地实现个人价值和生活品质的提升。

第五章

笔记达人成长故事

我笔写我心：
如何从日常的笔记到出版个人作品

水 晶

2015 年，我参加混沌研习社的学习，在一次课程中看到了柯洲老师和杨斌老师分享的笔记，感叹于柯洲第一时间就能输出还原现场的优质内容，对其做笔记的功力深感佩服。与他进行交流后，自己也在思考并学习梳理和呈现知识的方式。

当年 5 月，恰逢经济学家厉以宁的演讲活动，我将内容整理成笔记，投稿到"笔记侠"。之后，我接受柯洲的邀请，成为"笔记侠"最早的一批笔记达人。

从此，我开始伴随"笔记侠"的成长，先后负责全国笔记达人社群、七城知识峰会、知识经济实战营、笔记学苑、个人品牌课程等多项工作，实践了笔记达人、社群运营官、知识产品项目经理、课程讲师、作者等多元的成长路径。

"笔记侠"可以说是我平凡生活里出现的蝴蝶效应，生活因此发生了很大的改变。

1. 用笔记创造个人成长的新可能

一路走来,"笔记侠"为我打开了持续学习成长的新世界,提供了三个维度的支持:有深度的学习、有力度的成长、有温度的交流。

(1)有深度的学习

通过"笔记侠"提供的全国商业学习活动,我有机会学习到全国顶尖的商业思想,并通过笔记学习持续提升了个人的知识管理能力。

知识就是相互联系的事实,有效学习的本质是理解和创造关联。笔记不只是记录,更是思考的契机,有效的笔记整理有助于厘清大脑思路和知识的关联。

在"笔记侠"每负责一项笔记任务,都是一个珍贵的学习机会。我和笔记达人们会围绕主题进行演讲信息和图书的延伸性学习,加深对演讲者的了解,拓宽新领域的视野,培养结构化思考的习惯。

在"笔记侠"的充分学习和实践过程中,我养成了对知识信息分析、整理、输出的习惯,也锻炼学习的耐力,同时通过笔记复盘方法定期回顾,不断输出经验和知识。

在"笔记侠"的助力下,我通过"笔记侠"提供的机会进行知识学习,运用笔记进行知识消化吸收,再到形成个人系统笔记的方法,建立属于自己的知识系统。在加入"笔记侠"的第 4 年,我推出了个人的笔记课程,第 5 年接到出版社的邀约,第 6 年出版了个人的笔记图书《受用一生的高效笔记术》。

（2）有力度的成长

"笔记侠"是目前中国最大的笔记达人社群，为大家提供了多元的学习路径。我们可以根据兴趣加入思维导图分舵、知识卡片分舵、商业笔记分舵、幕布笔记分舵、视觉笔记分舵，还有共读活动、笔记学苑活动等多元的交流渠道，还可以尝试做达人讲师来分享自己的经验。

八年间，在"笔记侠"这个广阔的平台上，从分享笔记到知识创作，从活动的参与者到策划者、组织者，从多人多角色到一人多角色，我的个人潜能得到了更大的发挥。

八年间，笔记达人产出一篇篇具有影响力的笔记，一次次获得众多名家的好评。再小的个体也有个人品牌，多元的传播方式和渠道也给打造个人品牌带来很多可能。每篇笔记都会署笔记达人的名字，让别人看到知识学习的功底。我们的笔记传播知识，为大众提供精简的学习方法。通过笔记这个载体，大家也可以链接活动方、演讲者等。

八年间，我们共同尝试了许多有趣的实践，产出思维导图、知识卡片、视觉笔记，组织知识年会、笔记学苑活动，参与运营知识产品课程等。这一系列实践都由许多笔记达人共同创造。一次次的实践让我们看到，无数各有所长的笔记达人聚集在一起是多么大的力量，看到一位位笔记达人如何不断地进阶成长。

（3）有温度的交流

为了促进大家多层次的交流，"笔记侠"有全国达人总群，华南、华北、华东、西南4大区分舵和15个城市分舵，大家可以根据自己的所在地选择相应区域的分舵。

在"笔记侠"平台，我有机会认识了各地众多有趣的笔记达人。好学驱动着我们，在收获知识与朋友的过程中体会喜悦。与优秀者同行，我们可以看到自己的成长和进步，可以认识天南地北的朋友，即便是在陌生的城市，也会因为有达人朋友在那里而感觉特别温暖。

2. 用笔记持续书写自己的生命之书

我们相信的事情，往往会变成最后真正的结果。不信任自己是成长最大的障碍，成长是在每一个小的进步当中努力。

虽然现在能够出版图书，但我在一开始对公开分享一点儿信心都没有。

记得第一次做课程笔记时，我花了很长时间，投稿给"笔记侠"时也很忐忑。加入"笔记侠"后，第一次受邀担任"笔记侠"华南区合伙人时，担任笔记学苑苑长时，第一次统筹组织全国笔记达人七城知识峰会时，内心也不是很自信，担心有那么多优秀笔记达人，自己真的能做好吗？第一次在"笔记侠"担任知识产品经理，与大咖老师合作推出"笔记侠"的第一个知识训练营时，我的压力很大，总是担心自己运营不好这个项目。第一次参与"笔记侠"和北辰大学的合作分享活动，我紧张地准备了一周。第一次准备推出个人笔记课程时，我足足筹备了3个月，甚至在正式推出训练营的前一周夜不能寐。

当我经历过一个个第一次的挑战，面对一次次压力，我总结出三个成功的关键词：笔记、相信、尝试。每当遇到压力时，用笔记梳理，就可以让我纷乱的情绪逐渐清晰，由此我也总结出了人生笔记的方法。

曾经的我，经历过一段人生低谷期，不敢尝试，容易退缩和情绪化。在很长的一段岁月里，我不相信自己，每次碰到考试或重要机会都会紧张，甚至睡不着觉；遇到优秀的同学或前辈，不敢和对方说话，生怕自己说错什么；内心总觉得自己不配得到好机会。

开始运用笔记之后，笔记帮助我很好地梳理自己的知识和成长路径。我通过"笔记侠"这个平台将学到的东西分享出去，带给了自己很大的快乐和信心，并总结出自己的人生笔记方法。

如果不希望时光把一切都带走，我们就需要进行记录。笔记既是对过去的记录，也是传递给未来的信息。一旦开始记录，就会不知不觉留心观察自己的生活轨迹。

当你把想法一点点敲出来，思维就会变得越来越有条理，内心也会越来越有力量。生活微小的体验，经过挖掘和强化，就会帮助积极情绪渗入我们的身体，平衡生活的负面和烦躁。当我们有意识地去觉察和记录时，更多的喜悦和宁静会流入我们的内心。

万物皆有裂痕，那是光得以进来的地方。

人生没有完美，那是更多成长的可能性。

人要有一个由内向外的打开过程，寻找真实自我的力量，勇敢的人不断跳出框架，找到自己独一无二的可能性。每一点一滴的积累和突破，更多可能性的尝试和实践，都在塑造不同的你。每个看似难以企及的挑战，当你愿意尝试时，都会迈向一个新的自己，迎来新的成长。

在"笔记侠"，用心做好自己喜欢做的事，做到极致，资源自然会流向你。每个人都有着独一无二的潜能，大家共同在"笔记侠"这个平台上学习实践，分享智慧，互为助力，创造我们自己独特的价值！

第二节

以思维导图为帆，创造无限可能

灵　姗

1. 初遇的惊喜

写下这篇标题后，我坐在凳子上，闭着眼睛，回想起和"笔记侠"初遇的那一天。当时的我完全想不到，在这之后，我开启了一段奇妙精彩的人生旅程。

那是 2016 年一个普通的午后，我还是一名刚刚读研的学生，坐在校园里惬意地玩着手机。突然，我被群聊里朋友发的一张图吸引，那是一张很漂亮的思维导图，内容是一本书的读书笔记。

在群里看到小图时，我就忍不住点开，它显示在手机的屏幕上，尺寸刚刚好，不用放大就能轻松地阅读，每个分支用不同的颜色和图标来区分，让人一下子就能看出各个知识点之间的关系。文字的内容也很精炼，看完那张图，我就对书的核心概念和精华内容有了全面的了解。

当时我的感觉可以用"惊艳"来形容。在这之前，其实我也短暂地接触过思维导图，那是在备战考研政治时。

作为一个地地道道的理科生，记忆性的文科知识着实让我非常头疼。后来偶然间，我看到有人发了思维导图这个工具，感觉像抓住了救命稻草，于是就下载了软件，把一些记不下来的内容整理成思维导图。那一个个知识点顺着导图的线条在我的大脑中涌现的感觉实在太棒了！考试当天吃早饭时，我还在抱着图看，这次尝试也帮助我取得了专业第一的好成绩。

但是，那会儿的我在用思维导图时，可以说是完全没有章法，知识提取得也不到位，结构排布、版面美化更是一团乱麻，大多是机械地搬运原文内容。更重要的是，考研后我就把它完全抛在了脑后，再也没用过。

所以当时在群聊中看到那张思维导图时，我觉得"就是它了"，这次我要好好学习如何使用这个工具。当天我就私聊了朋友请教怎么作图。从他的口中，我第一次知道了"笔记侠"，知道了原来有这样一个热爱学习、热爱笔记的圈子，知道了有这么一个一群人快乐成长的地方。我想，我一定要加入。

我使出浑身解数，做了张在当时看起来很不错的思维导图，经过审核，我如愿以偿地加入了"笔记侠"思维导图分舵。

2. 社群中成长

进去之后，我有点傻眼了。为什么大家的图都做得这么好？既好看，又有内容，反过来看我做的图，简直想找个地缝钻进去。

我经历了一个初期的焦虑期，在社群里默默潜水，不敢说话，偷偷地看大家是怎么聊天的，怎么学习的，怎么作图的。信心受到了打击的我，有点畏首畏尾，害怕自己做的图不好，迟迟不敢迈出第一步。

思维导图分舵的舵主小猫妮，特别有亲和力和感染力，在我想退缩的时候及时鼓励了我，告诉我"先行动起来，不用担心""大家刚开始都是一样的""你看你之前做的图已经很好了，会越来越好的""先完成，再完美"。

群里小伙伴的热情也感染了我，大家都在认真学习和成长，每个小伙伴的改变都是肉眼可见的。我也不好意思再缩在后面，渐渐意识到，每个人都需要一个开始，没有谁能一下子就做好，我必须迈出第一步。

就这样，沉寂了几个月的我受到了鼓励，再次行动开始作图。当时我正好在看《你的灯还亮着吗》这本书，书中的内容也给了我不少启发，我就从它入手开始制作思维导图。

在这个过程中，我反复阅读整本书的内容，思考如何提炼关键词和结构，把知识更好地呈现出来，让呈现效果更加清晰明了；思考怎么设计内容和配色，让信息更加直观易读，使读者更愿意再打开第二次复习。行动起来的感觉真的很好。因为只有亲身尝试做事，才能真正地感受到其中的乐趣和成就感，才发现原来有这么多细节需要注意。

小猫妮和社群的小伙伴给了我很大的支持和帮助，他们分享自己制图时的经验和技巧，帮我解决遇到的难题。在制作这张图的过程中，我的作图能力、信息提取能力、理解思考能力都得到了提升。

3. 实战中精进

当时群里每周可以领取达人任务，制作好一篇文章的思维导图，审核通过之后发布在公众号上，有机会被"笔记侠"公众号的数百万用户看到。我也积极地参与其中。在这个过程中，我深切体会到"笔记侠"每个人的工匠精神和精益求精的态度，意识到作为一名笔记达人，肩负的责任，我们把复杂的知识转化为简单易懂的笔记分享出去，让更多的人受益。这也意味着我们在笔记制作的过程中，需要时刻关注信息的准确性、完整性和可读性，确保笔记的质量和价值。也是因为在制图和交付过程中严谨细致的态度，让我从最开始就养成了很好的阅读和制图习惯，这些好习惯也在未来不断地让我受益。

当第一次看到我的名字显示在"笔记侠"公众号的时候，我感觉到一种发自内心的快乐和成就感。不仅是因为自己的努力得到了认可，更重要的是，自己整理的知识笔记给更多的人带来了价值。雕琢自我，普惠他人。这份成长的蜕变，利他的快乐，也是众多笔记达人的动力。在一次次实战的过程中，我也和更多优秀的笔记达人熟悉了起来，成了朋友。

一个人走得更快，一群人走得更远。总有人说，"你身边的圈子，真的很重要"，确实如此。进入一个优秀高能的圈子，并且深度参与进去，会让自己的能力得到爆发式成长，会让你的视野得到全方位拓展。

对我来说也是，在实践精进的过程中，我探索到了思维导图在我生活、学习、工作中越来越多的应用场景。

比如，帮我通过了一次又一次重要的考试。如果说考研那会儿还是懵懵懂懂，那到后来的考证、毕业招聘、考在职博士，我就是有意识地使用了。思维导图总能帮助我大大提高复习效率，最终如愿以偿。比如，帮我整理吸收新知识，内化为自己的知识体系。在"笔记侠"的圈子里，我们总能第一时间学习到各种笔记知识。在这个过程中，我也通过笔记库建立了自己的知识体系。笔记的输出带动了知识的输入，为了保证笔记输出，呈现更好的内容，我的阅读和学习量更大了。更重要的是，笔记的整理过程也是与原有知识体系建立联结的过程，这大大提升了我的学习效果。

比如，帮助我提升思考能力，用系统的思维去分析解决问题。思维导图的制图过程，并不是单纯地把内容转移到一条条线段上，而是一个再创作的输出过程，需要融入自身的思考，不断调动大脑的知识储备。这对我的结构化能力和知识提取能力是极大的锻炼。

当然，它的场景还远远不止这些。随着在"笔记侠"的共创过程，随着思维导图与我日常的紧密结合，我的认知得到了升级，眼界进一步打开，也开启了远超乎我预期的一段人生旅途。

4. 创造无限可能

平时在社群里，经常能看到大家讨论最新的互联网信息，也有小伙伴时常把自己写的内容发进来，和大家一起交流，这也逐渐培养了我的互联网思维。

我突然发现，我平时也在读书、学习、做笔记，为什么不顺便把这些内容整理一下分享出去呢？于是，我便整理了一些读书笔记、学习方法的内容，发在了"知乎"上，也注册了公众号"灵姗说"。

刚开始时，看的人并不多，但每个阅读量的增加、每个人的评论都能让我感觉到很快乐，很有成就感，继续投入下一篇文章的创作。我至今还清晰地记得当时粉丝突破 500 的快乐。

就这样日积月累，随着刻意练习的积累，我的文章质量也逐渐提升，从最开始的难产到现在的顺畅，从最开始的拗口到现在的易读。

作为一个讨厌作文的理科生，截至现在，我已经写了 315 篇原创文章，我自己都觉得很神奇。可以说，在整理笔记时练就的逻辑能力，给文章的写作带来了巨大的帮助。在这个过程中，思维导图也成了我写作时的利器，帮我整理写作素材，帮我搭建文章架构，帮我拆解爆款文章，帮我搞定系列选题，让整个写作过程越来越高效。也得益于它，我能在毕业之后有余力兼顾本职工作和自媒体。

时间的力量很惊人，慢慢地，我在"知乎"上有几篇干货文章收到了很多赞同，公众号也逐渐有了越来越多人的关注。

我的思维导图技能也在精进，从最开始需要花费大量的时间，到现在的熟练使用、花式玩法；从最开始的抓不到重点，到现在每张图都能找到非常清晰的方向。

做好任何一件事情，其实最关键的都是"利他"。"雕琢自我、普惠他人。"这句在"笔记侠"学到的话也一直伴随着我。在不知不觉中，机会也随之而来。

2021 年，出版社的老师在网上看到了我的思维导图分享，然后找到我，发出出书的邀约。后来，经过一年多的反复打磨，承载着我 6 年制图经验的《思维导图 10 堂课》上市，很快就登上了新书成长励志榜的榜首，这也是我意外的惊喜。我想，当初那个在手机前面畏畏缩缩，犹豫着要不要发出思维导图的小姑娘，可能完全没有想到有一天，自己能够拥有出书的机会。

这是笔记给我带来的神奇力量，也是思维导图创造出的美妙火花。我相信，和"笔记侠"、和思维导图的奇妙旅途到这里远远没有结束。我无比感恩"笔记侠"这个平台给我带来的成长和改变，无比感恩身边的笔记达人给我的帮助和力量，无比感恩当初那个勇敢行动的自己。

未来这段美好的旅程还会继续，雕琢自我，用实践不断自我精进；普惠他人，用利他创造无限可能。

第三节

"笔记侠"社群达人成长分享

琳 茹

很荣幸收到"笔记侠"的邀约，让我分享在"笔记侠"的成长故事。看到信息时我受宠若惊，谁能想到曾经在社群还是小透明的我，也有机会成为别人口中的"社群榜样达人"呢？回想起来，我来"笔记侠"的时间不过半年，却仿佛像我认识多年的朋友，"笔记侠"见证了我太多的"第一次"。对我而言，是一次次微小的突破，是足够多的机会提供，是一个温暖有力量的团队支持，一步步塑造了今天的我。

每一次的社群分享，大家都会好奇我是怎么成为笔记达人的，以及成为笔记达人后有什么用。作为助教，我知道参加实战营的大部分人更想了解的是具体可行的方法论，这一点也是我们在实战营里挂在嘴边的重点部分。但这一次经验的分享脱下助教的外衣，我想以一位坐在你身边的朋友，和你好好聊一下我在"笔记侠"都发生了什么。

我是广东佛山人，这座城市既有悠久的岭南水乡文化，也有敢喝

"头啖汤"①的魄力。这和我性格很像，向往悠然的生活，但也不失冲劲，看到合适的机会就会抓住。2022 年，朋友了解我平时对文字感兴趣，便推荐我参加"笔记侠"的实战营去精进，我也正好搭上了这趟顺风车。

不可否认，我在"笔记侠"的经历里有运气的成分，占据地理优势。刚从实战营毕业，我就赶上了两次在广州的线下活动，但也离不开"笔记侠"足够多的机会提供，让我有不断试错和成长的舞台；当然更离不开"主动"，比如主动争取机会，主动提供价值。

我还记得刚加入"笔记侠"时，作为一名大三学生，在一群职场达人的分享会中瑟瑟发抖。当时的自我介绍模板里，有一个板块是"做过的三件令我骄傲的事"，我看着大家精彩的履历，自愧不如。但随后转念一想，反正我什么都没有，还害怕失去什么呢？我相信，人都是有优点和缺点的，我虽然没有丰富的职场经历，但可以观察自己作为学生的优点在哪里，从而找到自己在实战营的定位。比如，学生意味着时间更充裕和自由，可以主动整理一些文档，观察自己对知识的掌握程度，同时也可以给大家作为课程重难点的笔记参考。

主动像滚雪球，是有惯性的，一旦开始，就会在一次次机会前，不是下意识逃避，而是思考怎么抓住。当我习惯了每天主动在群里分享笔记后，在面对"优秀作业分享""优秀学员分享"，再到"连麦提问"等一次次机会抛出时，我都敢去争取。哪怕我不争取，同学们也都会习惯鼓励我去把握，尽管我依旧是毫无经验。于是，我从第一次分享时的慌慌张张，磕磕巴巴，到后面的镇定自若，轻车熟路，靠的不是魔法，是方法，是练习，是和助教一次又一次的打磨，是新建一个又一个的文

---

① 粤语用词。喝头啖汤，即喝刚煲好的汤的第一口。通常指做什么事都争当第一的人。

档，在清晰可见的成长路线指导下，一步步靠近自己的目标。第 14 期实战营结束时，我也如愿实现自己当初的目标——成为笔记达人，并且以优秀学员的身份加入了梦寐以求的助教队伍。

但很快我就迎来在"笔记侠"实战营里第一个真正意义上的挫折。本来以为作为优秀学员，我在助教方面同样也可以做得好。殊不知，当初我认为理所当然的事情，在其他人眼里是可有可无的，比如完成课程的听讲，按时完成作业。并且由于对积分规则的不熟悉，我和学员的重心有失偏颇，沉迷于作业的迭代中无法自拔，一起死磕作业，忘记了完成课程同等重要。和我们组的成员一起奋斗大半个月后，却发现能顺利毕业的人屈指可数，更别提实现他们当初的目标——成为笔记达人。

助教，除了身份的改变，还有责任的改变。以前我只需要操心自己，对自己负责，现在我需要对组内坚持学习的每一位成员负责。这是每一位助教都会有的觉悟，因为每个坚持学习的人都是抱着改变的心态过来学习的，都是希望自己能成为笔记达人，我不希望辜负他们的初心，更不希望错愕发生在他们身上。因此，每一次的作业从督促到迭代，每一次课程的积分累计，我都会盯得很紧，这也意味着我需要投入更多的时间和精力。有时候学员开玩笑说，"助教治愈了我们，但是谁来治愈助教？"其实，看着大家进步的样子，我就被治愈了。

除了在"笔记侠"的助教成长经历，当然还有实操性的线下活动的笔记整理经历。记得第一次参加现场会议进行笔记整理时，出发前的晚上，我再次出现像刚加入"笔记侠"时候的忐忑，担心会议内容我能否听明白，担心会不会因为学生身份被人质疑。但我很快调整过来，选择向有现场笔记整理经验的小酷老师请教。在小酷老师的耐心指点下，我的信心一点一点增长，而且我也相信"笔记侠"小师妹的选择，更相信自己有做好的能力。那是我第一次看见从屏幕中走出来的低调儒雅的柯洲老师，听到走在校园课堂前沿的商业理论，看到各位企业高管精彩的头脑风暴，等等。

　　"笔记侠"的高效能笔记实战营带给我的，不仅仅是文字的编辑能力和排版能力，更重要的是，在信息洪流的时代，提高了我对信息处理的能力。剩下的就是需要大量的实践，而"笔记侠"实战营本身就不缺实践的机会。这段经历不仅给了我无数学习和实践的机会，还让我在未毕业前，就拥有独立接单的能力，给我带来很大的底气去积极参与社会的工作。我收获的不仅仅是技能，还有信心，相信自己敢去迈出第一步，相信"先完成，再完美"的熟能生巧，相信每个人都是有自己的价值，不必骄傲自大，也不必妄自菲薄，找准自己当下的位置，实现价值就好。

　　很多时候，命运的转折就在不经意的一次次选择中发生。回首这段经历，我发现选择具有连续性，每一步的选择都刚刚好。是"笔记侠"让我大胆相信自己的一些选择，是选择观看都市的灯红酒绿，还是坐看田园的悠然闲适，其实都没有绝对的界限，也不是非此即彼。就像我开头提到我的性格，偏向悠然娴静，但也保持旺盛的生命力，借这副躯壳来体验人生百味，"笔记侠"吹响了我踏入社会的号角。

　　最后，我十分感谢"笔记侠"提供无数的机会和平台，让我的体验更加丰富。这里的每个人我都铭记于心，温柔亲切的小师妹总会一边告诉我有这样的机会，一边告诉我能胜任；营长归一永远是助教团的定心丸，没有什么社群困难她是解决不了的；西南大统领小酷是我的启蒙助教，我的笔记都是他耐心帮我磨出来的；助教小鑫，和我同期毕业后，又一起参加了两期助教，可谓是我的战友；何敏同学更是六边形战士，每一次都能给人带来惊喜……还有很多其他优秀的助教和同学，这里就不一一列举了，但我依旧想对大家说："一个人能走多远，离不开所在的团队，这一段的路程，感谢有你们的陪伴！"

第四节

40 岁，还有多少可能

李　云

1. 要有推开门的勇气

有人说：没上舞台，你就应该好好地做观众；上了舞台，你就要尽力去发挥。但没上舞台之前，你就应该为上舞台做好准备。

2019 年，我的生命年轮走过了 40 年。我觉得人生也许就这样了，没有舞台，安心做一个平凡人也好。

生活好比一扇扇门，门后是什么，只有打开才知道。但打开门需要勇气，这勇气可能是压力，也可能是热爱，还可能是追求。

移动互联网的发展，让知识的传播，让人与人的连接有了更多的可能，也有了更多与优秀的人接触的机会。

当在一个微信社群中见识了"笔记侠"的竖屏思维导图之后，我对"笔记侠"、对能做出这样优秀作品的人有了一丝崇拜和敬意。一个偶然的机会，我在春熙路看到一个易拉宝上有"笔记侠"的社群活动宣传。我突然觉得原来优秀的人其实离我并不远，只不过看自己是否有勇气去打开这扇门。我在这个广告牌前驻足了很久，还是没有勇气。后来，我看见竖屏思维导图分舵舵主小猫妮在朋友圈发布了"百日百图"的活动，我终于在活动开始的前两天，有勇气打开了这扇学习之门。

很荣幸，通过一段时间的积累，我的试稿作品通过了。2019 年 10 月 29 日，"笔记侠"公众号发表了我的第一篇思维导图作品。

由此，我进入了"笔记侠"思维导图分舵，成为一名笔记达人，也在内心种下了"雕琢自我，普惠他人"的价值观。

2.雕琢自我

进入"笔记侠"，只是开始。一篇作品，从框架搭建、内容选择到色彩搭配，每一个细节都需要无比用心，需要多次迭代。我也从其他笔记达人的作品中，学习到不少新的表现手法和思维方式。时至今日，我仍然觉得我的每一篇导图、每一篇文章都有优化的空间。

为了更快地成长，为了与优秀的人同频，我总是无比珍惜每一次接稿的机会，也无比珍惜与优秀笔记达人接触的机会。在大区分舵中，偶然看到群里有文稿整理的任务，出于对机会的渴望，对优秀的向往，我懵懵懂懂地接下了第一篇文稿任务。经过近 15 小时的整理，一篇 1.2 万字的整理文稿出炉了。但第一次整理还是有很多明显的不足，比如口语化处理不到位、逻辑不完整等。

这是一个开始，越是"知不足"，越要"不知足"。我想通过刻意练习提升自己的能力，在不断接稿的过程中提升自己的笔记整理水平。

2019 年 12 月初，笔记达人社群举办了第一期商业笔记整理训练营。在达人助教和编辑的共同指导下，我的作业达到合格标准，也有幸成为第一批高级笔记达人。对我来说，"高级"二字透露出一丝神圣，更意味着一份责任。整理的内容要对得起这个称号，也要对得起编辑，更要对得起读者。

3. 普惠他人

在文稿整理和思维导图制作的过程中，我获得了不少达人的帮助。我想，这份对美好的向往是可以传递的。于是，我常常在社群中分享工具的使用技巧，内容的表现形式，为达人社群做出些微小的贡献。

2020年3月，我被评选为"2019年度'笔记侠'年度人物"，这不仅是一份荣耀，更是一份责任。2020年5月，受"笔记侠"社群运营的邀请，我成为笔记整理训练营的一名助教。正如我第一次整理文稿一样，一切都是新的。我所能做的，一是向优秀的助教们学习；二是学习课程的内容，完成课程作业，并从学员的角度看看如何完成作业；三是激发学员自身的潜力。助教，不仅要从作业内容上帮助学员成长，更要激发学员自己内心的渴望。

有人说：对于下等人，我笑而不语；对于中等人，我用他可以接受的方式去告诉他；对于上等人，我会当头棒喝。我所理解的"上等人"，是勇于正视自己不足的人，是不断追求卓越的人。其实每个人都有追求，我们所要做的只是"点燃"，点燃他们那份追求的渴望。

在笔记达人的社群中，优秀者难计其数。每个人都有闪光的一面，每个人都有值得学习的地方，这是一个相互赋能、相互成就的群体。

4. 未来已来，向风而行

过去的三年，充满了各种不确定性，但却是我最笃定的三年，最充实的三年。现在一切都在复苏，但新的挑战也迎面而来。人工智能会取代很多职业，内容创作者将直面这一挑战，我也曾为此苦恼了很长一段时间。但我觉得，人类何止一次面临各种挑战，每次总会有破解的办法，这就是创造、创新。

未来已来，与其担忧，与其彷徨，不如干点实事。与其担心被取代，不如直面它，拥抱它。

第五节

我人生的高光时刻

熊孩子不差

与"笔记侠"相遇的 4 年，我总结为一句话：**在人生最低谷的时候遇见"笔记侠"，它引领我走向人生的高光时刻！**

接下来，我要把在"笔记侠"进阶的故事毫无保留地分享给大家。

1. 新手上路的执着

2019 年 3 月，我处于孕中期，在一个学习社群听到群主在分享一个叫"笔记侠"的平台，他分享着自己在这里 21 天的学习收获，建议大家学习一下。我当时有点心动，但分享者说"大家做好心理准备，想要 3 周作业都完成存在一定难度"，这时我又胆怯了。

后来，静下心来考虑了一番，我认为一定要学习一个技能，每多一个技能就能增加一个职场杠杆，这样生完孩子重回职场也不会轻易被他人取代。当时的我就定了这么一个小目标。

2019 年 7 月，我报名并开始了知识整理训练营的学习。当时的第一张竖屏思维导图作业，我整整花了 10 小时。我真的太喜欢思维导图了，手机里除了孩子的视频就是思维导图照片，那种感觉无法描述，就是坚信我能坚持。

经历 3 周的学习和坚持，我竟然成了优秀学员，一个在焦虑低谷中的新手妈妈得到了产后的第一次认可。**也就是这个小目标和这一次的认可，让我一上路就马不停蹄地奔跑了 4 年！**

2. 坚定自信地打怪升级

熟悉"笔记侠"的小伙伴都知道，"笔记侠"的晋升路径是见习笔记达人—初级笔记达人—高级笔记达人，还有些能力更强的伙伴可以成为某个区域的舵主，带领一群笔记达人学习交流共成长。

我担心自己经受不住挑战，但又无法抗拒成长的诱惑，最终还是诱惑战胜了恐惧。于是我决定勇敢地往前冲！

（1）磨砺竖屏思维导图技能

"笔记侠"最吸引我的是竖屏思维导图，在学习结束后，我就马不停蹄地联系了竖屏思维导图创始人小猫妮，向她说明我想进入思维导图分舵。

在小猫妮的陪伴下，我坚持练习了 100 天。坚持 100 天可能不难，难的是没有正反馈地坚持 100 天。但这 100 天有小猫妮和很多小伙伴的陪伴。那时的我不爱在群里发言，就默默地看着大家交流，一点点吸收大家的优点，默默迁移到自己的图中。**这些陪伴和正反馈，让我一点点找到自信。**

（2）练就整理商业稿件技能

2020 年 7 月，我意识到自己制作导图的技能已经掌握得比较扎实了，就开始尝试参与正在发起的笔记达人初阶测试。

说实话，第一次拿到语音转文字的商业稿件，我真的不知道从哪里下手，稿子放在电脑里开开关关几天我都没有思路，特别想放弃。

于是，我找到一些有经验的笔记达人请教建议，还收集了一些原始稿件和最后公众号发布的文章进行对比。我一段段看原稿，又一段段看公众号发布的内容，慢慢找感觉。找到感觉后，我就开始尝试，先梳理一段，然后与公众号发布的终稿对比区别，看哪里我没考虑到，哪一句还比较啰唆，什么样的内容可以适当删掉，慢慢地，找到了一套小标准。这套小标准支撑我吃力地完成了第一篇几千字的稿件整理，也获得了编辑的好评。

整理了几篇后，"笔记侠"给我发来贺电，恭喜我晋升为"高级笔记达人"！那一天我印象深刻，是 2020 年 11 月 28 日感恩节，下着毛毛雨的天有点冷，刚走到地铁口，我收到了"笔记侠"的消息，迫不及待地就在助教群里分享了自己内心的喜悦。感恩节晋升为高级笔记达人，这是多么令人难忘的事情！

我想，其实应该感恩"笔记侠"，把我从深渊中一点点解救出来，时刻保持感恩之心，感恩每一个帮助过我的人！

（3）拓展社群运营技能

每天沉浸在有爱的"笔记侠"社群，我就反思什么时候能拥有运营社群技能呢？我能不能也为未来的"笔记侠"学弟学妹传递一份爱，把"雕琢自我，普惠他人"真正地贯彻落地呢？

于是，我开始尝试报名助教。刚开始的时候，运营并没有我想得那么简单，在小师妹和团长的支持和其他助教的帮扶下，我慢慢找到了运营社群的感觉，**带领的小组最终三周全勤，学员通过率98%**。在这里，我总结一下自己的经验：第一，保持真诚，主动关怀；第二，关键节点，及时营造氛围，调动小组内部的竞争意识与荣誉感；第三，隆重表扬，私下适当给予改进建议。运营是一件你愿意往细节里挖，一直有事情可以做的工作。

所以，我一直说，**在"笔记侠"，只要你想，你就能获得很多意料之外的技能和进阶！**

3. 无孔不入的实践

学习了这么多技能，思维导图依旧是我最喜欢且最擅长的，自然会不断地实践它！

（1）积极跟上队伍

当"笔记侠"发布活动时，我的内心都会忐忑紧张好一会儿，"我能做到吗""我时间够用吗""我会做得好吗"。尽管心中有种种担心，但是我一定会逼着自己冲一把！

（2）积极应用于工作

产后重回职场，我的工作岗位发生变更。领导让我做调研，我不熟悉调研工作，也不熟悉要调研的行业，整天在网上看资料，就用思维导图梳理思路和汇报工作进度。经过近两周的调研查找，我做了几十页的调研结果报告，汇报时得到了领导极大的认可。

这个习惯一直延续到现在，每当遇到一些比较复杂的业务我都是用思维导图梳理一番，把客户的情况背景掌握清楚，对接人也梳理清楚，这样很快项目组的小伙伴就能进入状态。

（3）积极用到育儿中

带娃的生活，是漫长且艰辛的。育儿知识要学习，情绪要调理。我学习了很多育儿知识，用思维导图呈现，发布在网上，获得了很多人的点赞，甚至现在我停更了还会有宝妈宝爸向我催更。

因此，我还建立起一个宝妈的百人圈子，一起探讨育儿知识，分享生活的喜乐。

（4）积极运用于决策

更有用的是，家里的重大决定涉及多方的沟通，我把整体情况都清楚地写在思维导图上，一目了然！

2020年，我独自前往苏州买房，爱人和双方父母分别在四个城市，他们担心我上当受骗，我用行动证明自己的决策能力。我将看到的不同楼盘房子情况用思维导图梳理对比，将贷款方案用思维导图对比，很快就搞定买房子的这件事！

人生中很多大的决策都可以通过思维导图完成，大家不妨试试看。

4. 最后的话

不被困难打倒也不被困难定义，才有了这个普通职场宝妈在"笔记侠"的十倍速成长！从我第一次尝试知识付费到爱上知识付费，到指导他人成长，生活并没有变轻松，但认知和状态在进步。

当我看到可以实现 1，就去触碰 10，当可以触碰 10 的时候，又想迈向 100，人的欲望一直在攀升，挑战就不会停止！**想要人生更有意义，就不能总是裹足不前！**最后，期待更多的小伙伴加入"笔记侠"这个有爱、有交付、有反馈的组织，我们一起融入"笔记侠"这道光！

遇见"笔记侠",改变了我的人生轨迹

小小 sha

2018 年,我写了一篇和"笔记侠"相识相遇的文章。那篇文章里写了这样一句话:**"始于笔记,终于无限可能。"**

4 年后的今天,我回顾现在的工作,真的觉得笔记给我带来了无限可能。我通过笔记,有了自己的公司,开了 60 多期训练营,有了几千名学员,还出版了一本书……

我刚开始接触"笔记侠"时,就在心里埋下了一颗种子。没想到我细心浇水施肥后,它能给我带来这么多收获。

我从 2016 遇见"笔记侠",到今年已经 8 年了。现在回头来看,感觉"笔记侠"像个"长辈",看着我这一路的成长,然后拍拍我的肩膀说:"你真棒!你终于通过做笔记,成为自己想要成为的样子。"

今天,我就来分享一些这几年在"笔记侠"的成长,希望对大家的成长有一些帮助。

1. 相遇相识：想高速成长，一定要找同频的圈子

大家在读书的时候，会不会经常做笔记呢？

在读书的时候，我个人是很喜欢做笔记的，书和本子写得密密麻麻的，感觉很有成就感。但是学生时代的笔记，我们都有一个目标就是学好当下的科目，好好考试，取得好成绩。很多人在学生时代都这样做，所以我们觉得记笔记，是一件很正常的事情。

但是毕业后，我们反而变懒了。一方面是没有了学习的氛围，一方面是我们的目标也不再聚焦，感觉我们的生活总是被工作填满，不再需要学习，更没有那么多的时间可以记笔记。实际上，**成长就是在平日里积累。如果你毕业后，还能保持记笔记的习惯，那你成长的速度一定不会慢。**

我偶然间看到一个公众号在推荐"笔记侠"这个公众号，直觉告诉我这就是我想去找到的那一个平台，所以我就关注了"笔记侠"。

那些文章涉及的商业知识，对于当时刚毕业的我来说，着实有一些难懂。**但是我一直认为自己将来会去创业。那如果未来想去创业，不如现在就开始去学习一些商业知识。**

关注了一段时间之后，我发现"笔记侠"在招募见习达人，于是马上去申请了。那次接到的任务是把梁宁老师的演讲音频转化成一篇可以在公众号发布的文章。

大家可能会觉得这很简单，不就是音频转文字吗？其实不是的。你需要反复地听，然后反复地去理解演讲者的逻辑，并且把很多口语化的内容转化成书面表达的形式。所以这个任务训练的能力其实是多维的，比如理解能力、总结能力、陈述能力、归纳能力、逻辑能力、写作能力。

2. 发光发热：想持续成长，要和组织一起共同成长

融入一个圈子最好的成长方式，就是深度浸泡。

在正式成为"笔记侠"的笔记达人后，我工作之外的所有时间，基本上都沉浸在"笔记侠"的社群里。我很享受做笔记的过程，也很喜欢社群的企业文化——**雕琢自我，普惠他人**。所以，当遇到一个兴趣和价值观都高度契合的平台时，你会很想要把所有的时间和精力都投入进来。

（1）成为思维导图核心成员

在"笔记侠"刚成立思维导图分舵时，我就成了其中的核心成员，非常积极地领取各种文章任务。

所谓的思维导图笔记，就是大家现在的公众号上看到的，一篇长长的、很适合手机阅读的、结构非常清晰的思维导图。笔记达人在制作导图的过程中是非常用心地去理解、萃取和呈现的。大家看一篇5000字的文章可能需要10多分钟，但是做一篇5000字的思维导图，可能就是好几个小时。

（2）成为知识卡片分舵主

在做了很多篇思维导图后，我发现了一件事。我们在阅读的时候，打动我们的并不是整篇文章，很有可能只是文章里面的某个金句、某个概念、某个模型、某个方法。所以，这些单个的知识点，我们是不是也能把它们提取出来，做成有逻辑、有结构的知识小卡，用以保存、分享和传播呢？

于是，我开始尝试做知识卡片笔记。在刚开始做知识卡片的时候，

正好更新学堂 App 上线了第一个课程，我就开始参与到线上课程的交付中。

后来随着知识卡片形式越来越被大家认可，交付的地方也越来越多，所以，"笔记侠"成立了知识卡片分舵。目前，我带领知识卡片分舵的达人们，已经一起交付了 20 多套课程，累计完成上千张知识卡片。

（3）成为课程讲师

2022 年，我在"笔记侠"又有了一个新身份：知识卡片讲师。我在 21 天知识整理实战营里担任讲师，将最近几年研究知识卡片的心得经验，分享给更多的笔记达人。

在这个身份和角色里，我看到了原来的自己，重新找到了刚刚加入"笔记侠"学习的热情，也更加相信，这个平台值得更多人加入，做笔记这个技能值得更多人学习。

3. 不离不弃：做笔记这件事，我的那些宝贵收获

回顾这几年的成长经历，我感慨万千，主要有几个点和大家分享。

（1）学习力增强了

在"笔记侠"接触到了 XMind 思维导图这个软件后，我也开始用思维导图去做读书笔记。当我画完一张思维导图后，感觉这本书的脉络更清楚了，仿佛我的大脑里有一根线，把那些重要的知识都串起来了，像一串珍珠项链，我可以摸得着，也看得见。我拿着这张思维导图，甚至可以直接讲出内容了。

所以，做笔记真的能提升我们的学习力。在不确定的时代，可以确定的是我们要提升自己的学习能力。**聪明人都会下苦功夫，做笔记就是提升学习能力的苦功夫**。

（2）逻辑提升了

我们很多人常常觉得自己的逻辑混乱，感觉总是沟通困难，表达费劲，平时又没有刻意练习逻辑的场景，而**做笔记，恰好就是一个非常好的提升逻辑的方法**。

在和学员做交付，和老师聊天，和合作伙伴沟通以及进行写作的过程中，经常有人提出我的逻辑很清晰，很有条理。这其实就是做笔记刻意练习的效果。不管是做文字笔记、幕布笔记、思维导图笔记、知识卡片笔记，都会需要我们拆解一篇文章或者是演讲稿，再把其中的论点论据重新组合成一张张的图。所以，**做 10 次笔记就有 10 次在刻意练习自己的逻辑能力，做 100 次笔记，就有 100 次在刻意练习自己的逻辑能力**。

（3）影响力也有了

在人人都要做个人品牌的时代，**如何才能提升自己的影响力呢？其实就是有一个区别于自己专业能力之外的核心技能，可以是写作、演讲，也可以是做笔记**。

在"笔记侠"的这几年，我的影响力提升了很多。

在职场上，因为我做了很多专业知识的学习笔记，所以在工作了 9 个月后，获得了晋升到集团总部担任人事主管的机会。后来我跳槽到更大的公司，也是因为我用思维导图做了很多专业知识的沉淀和积累。**在职场中，如果拥有一项通用技能，就会成为一个优势，和自己的专业叠**

加在一起，让自己更好地被看见，同时获得更多的机会。

在职场外，我通过做笔记，在网上也获得了很多的粉丝，产生了个人影响力。一开始，我非常频繁地在社群里分享自己的笔记，于是获得了很多人的关注。笔记成为一个吸引朋友的神器，每天都会有人来添加我的好友，围观我的朋友圈，点赞我发的内容。同时，我还和很多老师建立了联系，获得了他们的认可。

其实，**每个人都是期待被看见的**。我因为做笔记持续地被大家看见，获得了源源不断的力量。

4. 越来越爱：因为什么获益，就会去传播什么

在我坚持做了多年的笔记后，我深刻地觉察到自己的变化。于是，我有了一个想法：**我想要把笔记分享给更多的人，带领更多的人一起做笔记**。

"笔记侠"的社群文化是：**雕琢自我，普惠他人**。其实这句话挺妙的。

我之前是这样理解的：你要让自己变得越来越好，然后去帮助他人；现在我有了新的理解：**如果你因为某个人、某个技能而变得更好了，你就应该把这个人、这个技能分享给身边的人，带着更多的人一起变得越来越好**。

这个平台上的每一个达人就像是一个手艺人，做笔记这种手艺是从一个人传承到另一个人，一个人点亮一个人，一个人吸引一个人。

5.越陷越深：做笔记，是超速成长的基本功

其实最开始的时候，我从来没有想过未来会因为做笔记，而开始成为自由职业者，成为创业者。我只是把笔记当作是自己工作和学习的基本技能，于是认认真真地去学了，**但是经过日拱一卒的学习和提升，给自己带来的人生变化还是非常大的。**

当我持续践行，自己觉察到了变化，也获得了他人的正反馈时，做笔记就从兴趣变为志趣，从志趣变成事业了。

我真的认为：**做笔记，是自己超速成长的基本功。**

感恩"笔记侠"，让我的人生有了新的可能。

柯洲：“笔记侠”创始人＆CEO

柯洲先生是新商业转型升级的见证者、陪伴者、服务者，全球最大的笔记达人社群总教官，香港言爱慈善基金高级顾问，新商业首席内容官。

通过“笔记侠”，柯洲先生希望协同共创最具普惠价值的新商业内容平台，帮助经营企业的决策者朋友在认知一个“伟大概念”或者一个“道”的时候，将这些概念和提出它们的人们联系起来，并且能将“道”拆解到“法”和“术”的层面，帮助决策者真正学会并有效运用到企业经营当中，产出经济效益。